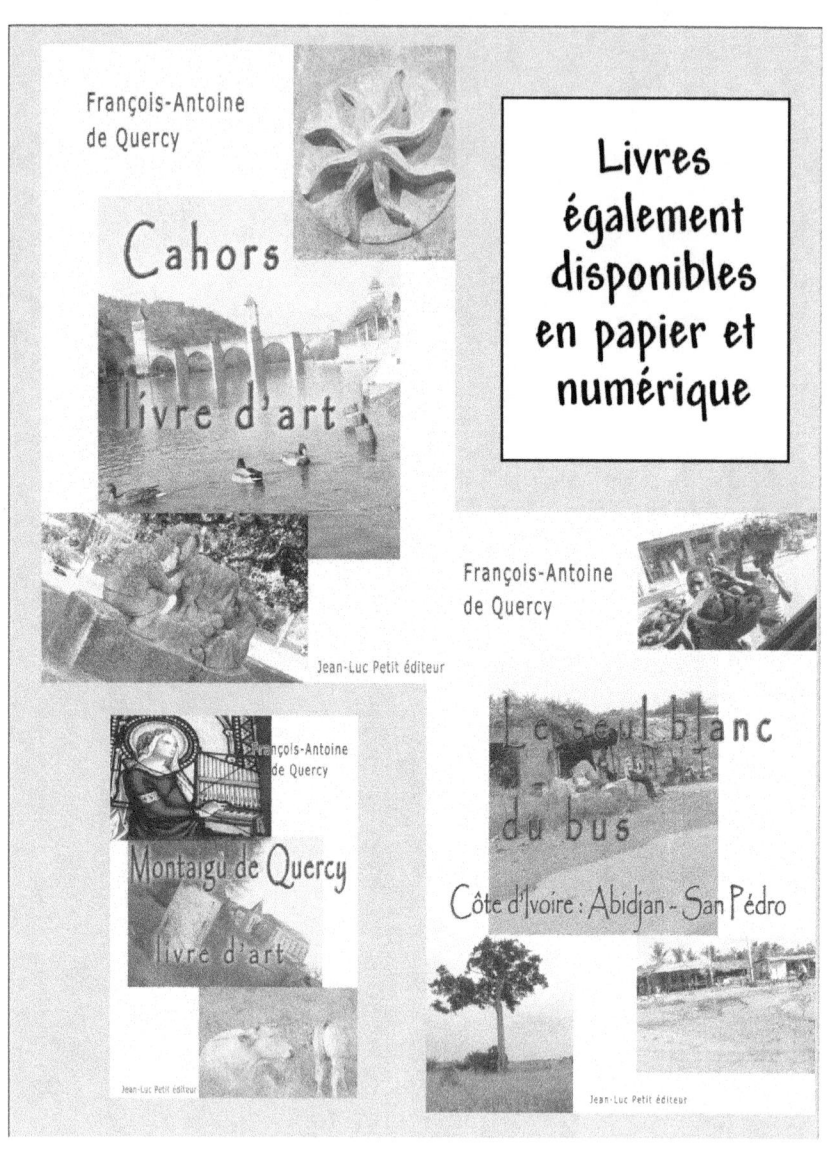

Montauban, livre d'art

Du même auteur*

Sous le nom de **François-Antoine de Quercy** :

Pigeonniers lotois
Montcuq, livre d'art
Montaigu de Quercy, livre d'art
Cahors, livre d'art
Le seul blanc du bus
Gustave Guiches, *Au fil de la vie*, notice, commentaires, photos

Sous d'autres noms

Romans

Le Roman de la Révolution Numérique
Ils ne sont pas intervenus (le livre des conséquences)
Le roman du show-biz et de la sagesse
Quand les familles sans toit sont entrées dans les maisons fermées
Liberté j'ignorais tant de Toi
Viré, viré, viré, même viré du Rmi !

Théâtre

Neuf femmes et la star
Les secrets de maître Pierre, notaire de campagne
Ça magouille aux assurances
Chanteur, écrivain : même cirque
Deux sœurs et un contrôle fiscal
Amour, sud et chansons
Pourquoi est-il venu :
Aventures d'écrivains régionaux
Avant les élections présidentielles
Scènes de campagne, scènes du Quercy
Blaise Pascal serait webmaster
Trois femmes et un Amour
J'avais 25 ans
La fille aux 200 doudous

* extrait du catalogue, voir www.lotois.fr

François-Antoine de Quercy

Montauban, livre d'art

Jean-Luc Petit éditeur - Collection Livres d'artistes

L'éditeur versant lotois :

http://www.lotois.fr

Tout simplement et logiquement !

Tous droits de traduction, de reproduction, d'utilisation, d'interprétation et d'adaptation réservés pour tous pays, pour toutes planètes, pour tous univers.

Site officiel : http://www.ecrivain.pro

© **Jean-Luc PETIT - BP 17 - 46800 Montcuq – France**

Montauban, livre d'art

Une ville d'art et d'histoire... Ce fut donc l'embarras du choix ? Je ne suis pas l'office de tourisme ! Plusieurs années de "passages" furent nécessaires.
La photo d'art répond à d'autres critères que ceux de l'information, de la promotion. Une photo de mon art intègre mes critères dont celui de la cohérence de l'ensemble des "livres d'art". Il s'agit également de faire réfléchir, sur la dégradation, la beauté, les priorités, l'oubli, le sacralisé dans une ville.

Une cité où les dates foisonnent, avec une avenue de l'Europe et une impasse de Maastricht, des œuvres dans l'espace public, forcément Antoine Bourdelle et Jean-Auguste-Dominique Ingres. Moins visibles, les hommages à Jean-Gabriel Perboyre ou Adolphe Poult. Et l'éphémère capté...

Montauban, 135 km2 (le double et des poussières de Cahors), plus de 55 000 montalbanaises ou montalbanais.

Des pigeonniers, des chats, des ponts, des vitaux, un cimetière, des églises, l'eau, le violon d'Ingres et la partition du Don Giovanni de Mozart sur le fauteuil du peintre...

Quelques images du mercredi 21 mars 2012, avec Nicolas Sarkozy, François Fillon, Brigitte Barèges et les candidats à la présidentielle...

Montauban autrement, pour l'Histoire.... Je ne suis pas le petit-fils d'Auguste Quercy auquel Antoine Bourdelle consacra un peu de temps...

François-Antoine de Quercy
FAQ
http://www.quercy.pro

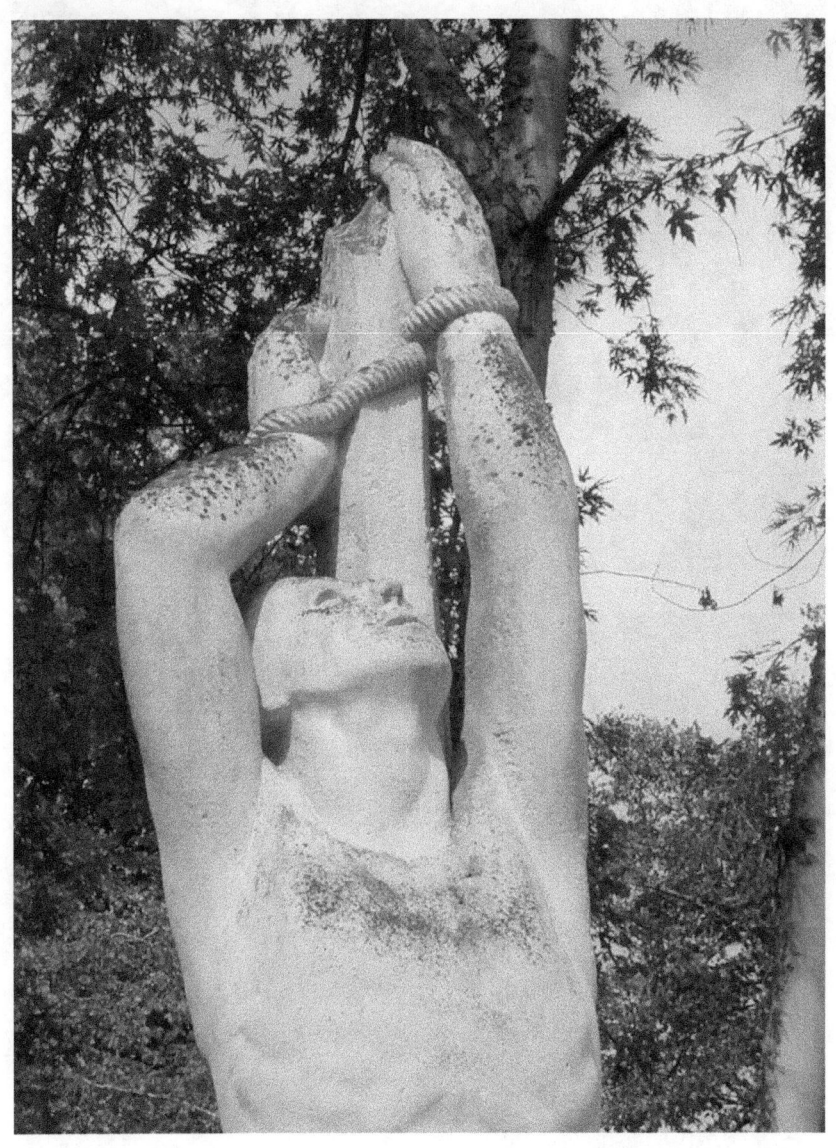

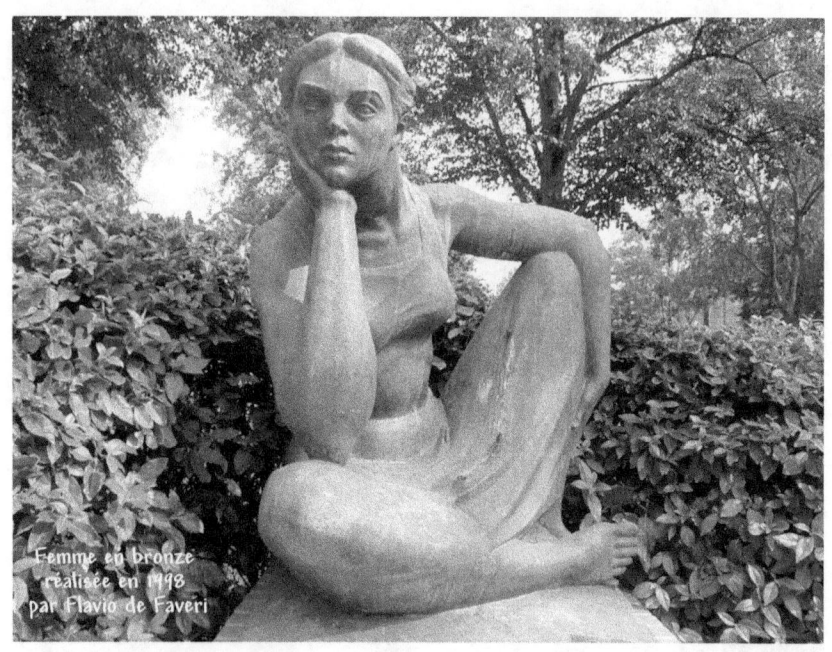
Femme en bronze réalisée en 1998 par Flavio de Faveri

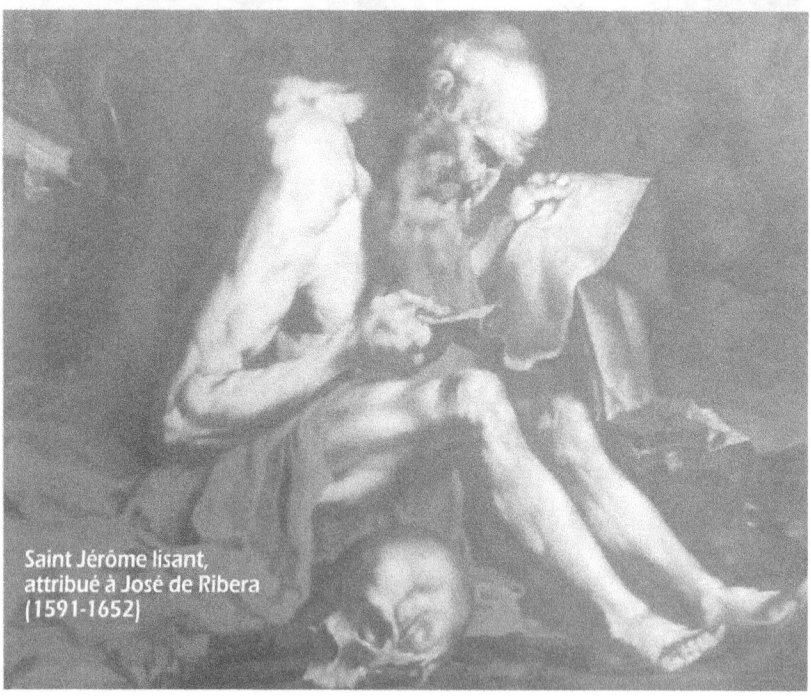
Saint Jérôme lisant, attribué à José de Ribera (1591-1652)

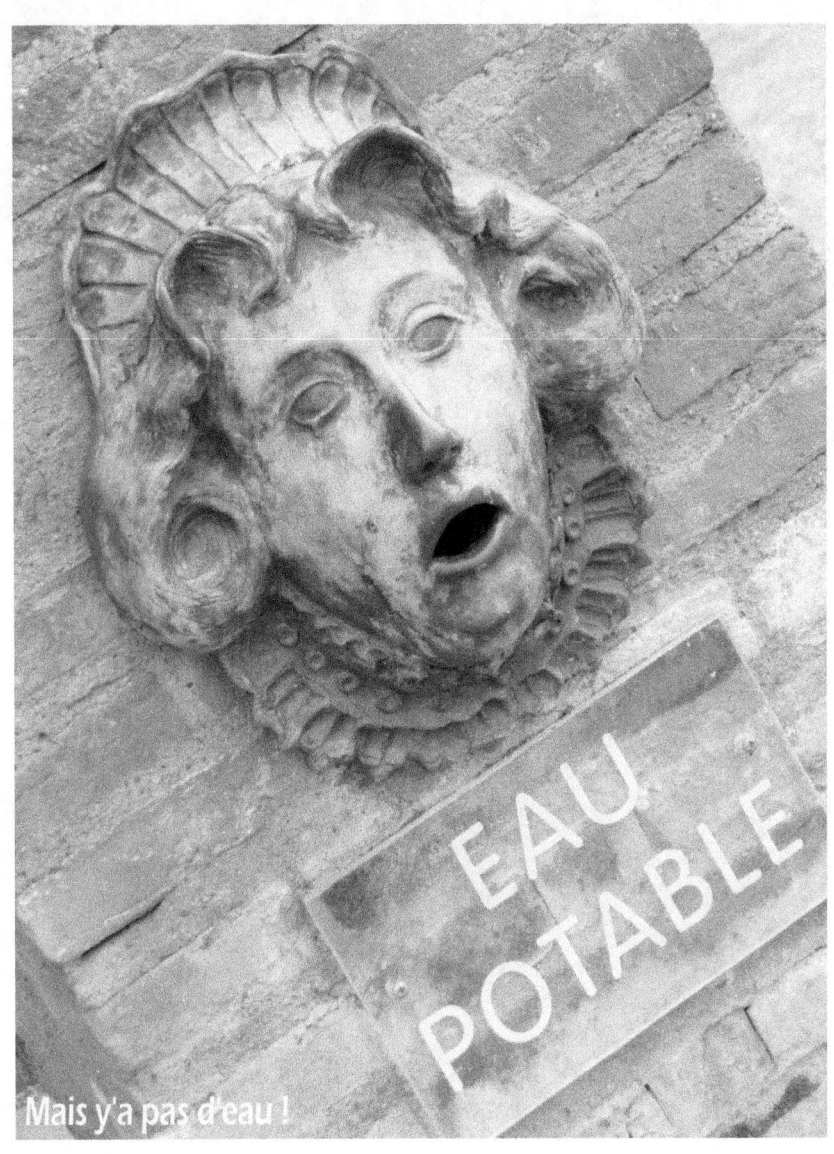

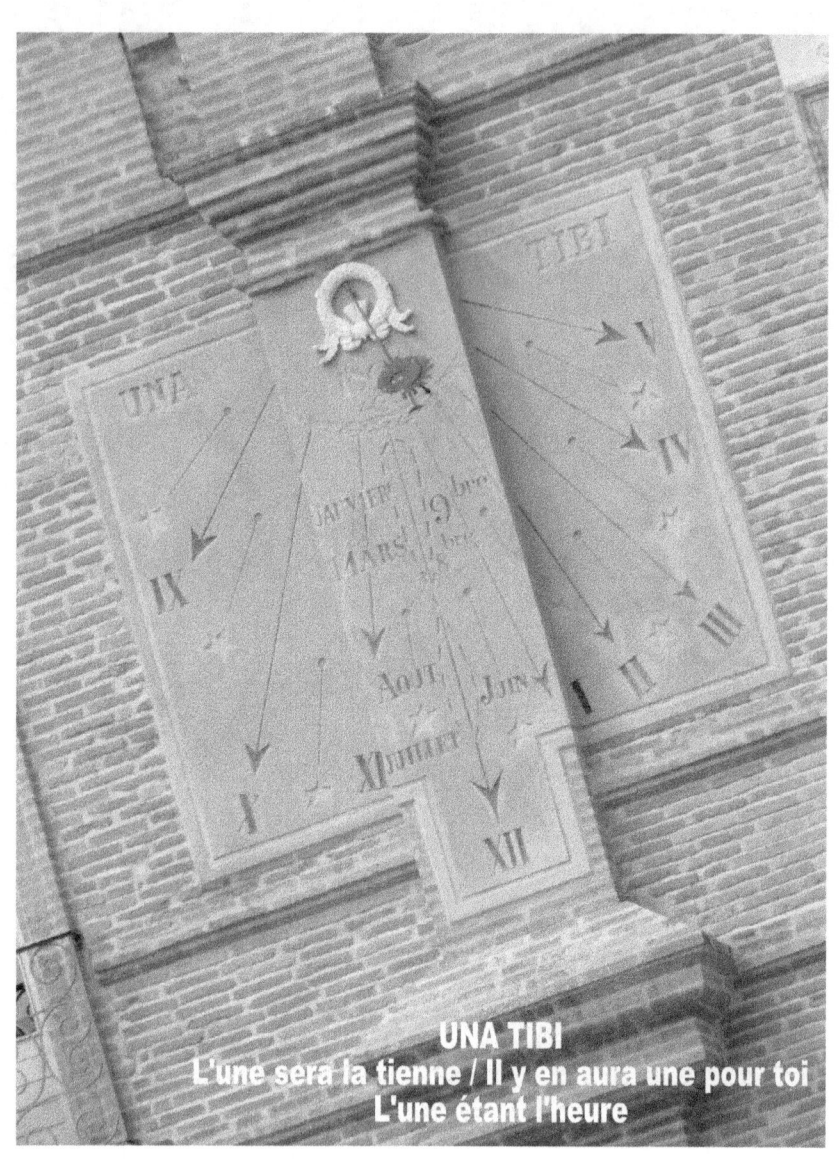

UNA TIBI
L'une sera la tienne / Il y en aura une pour toi
L'une étant l'heure

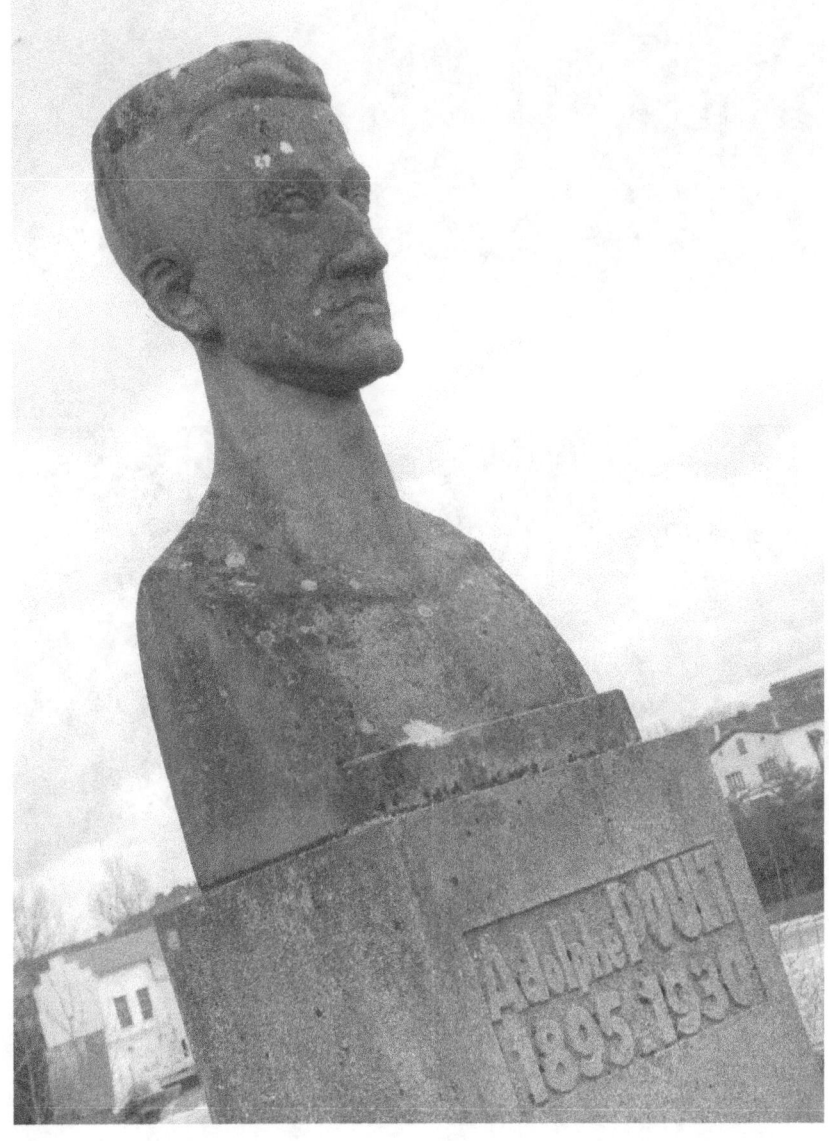

Il se prénomait Adolphe, était l'ami de René Bousquet...

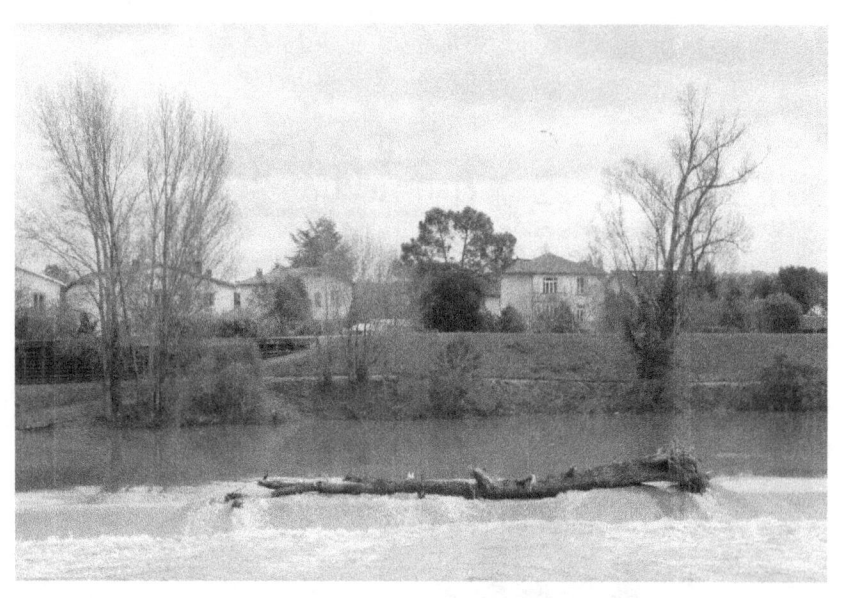

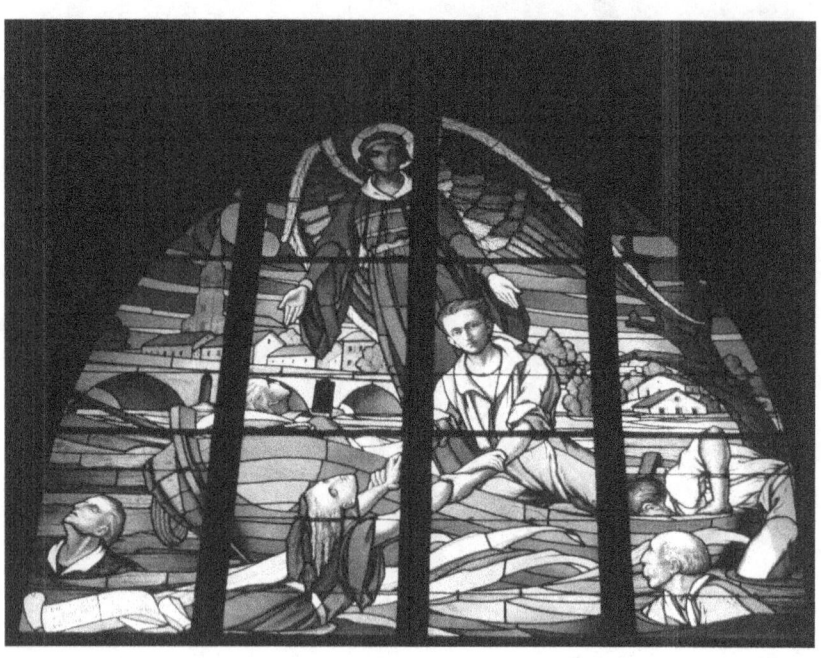

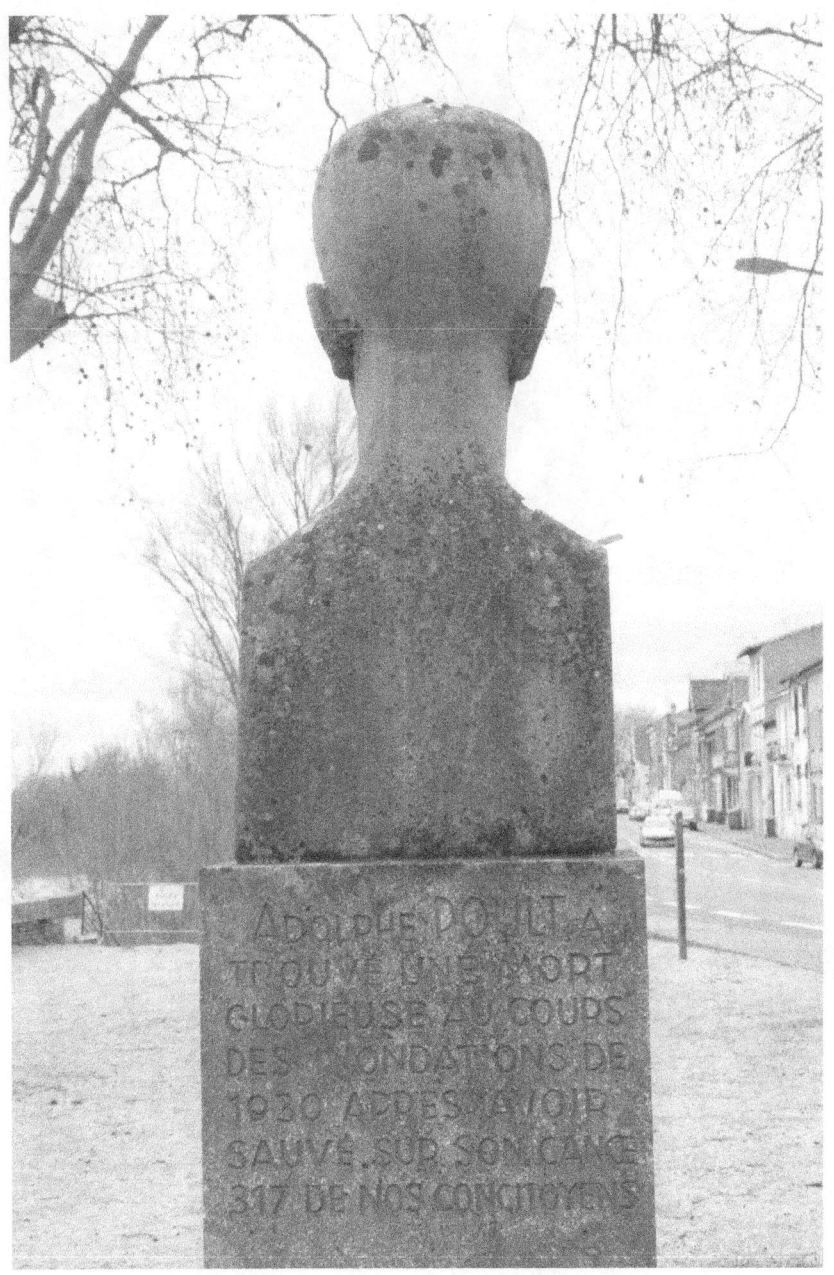

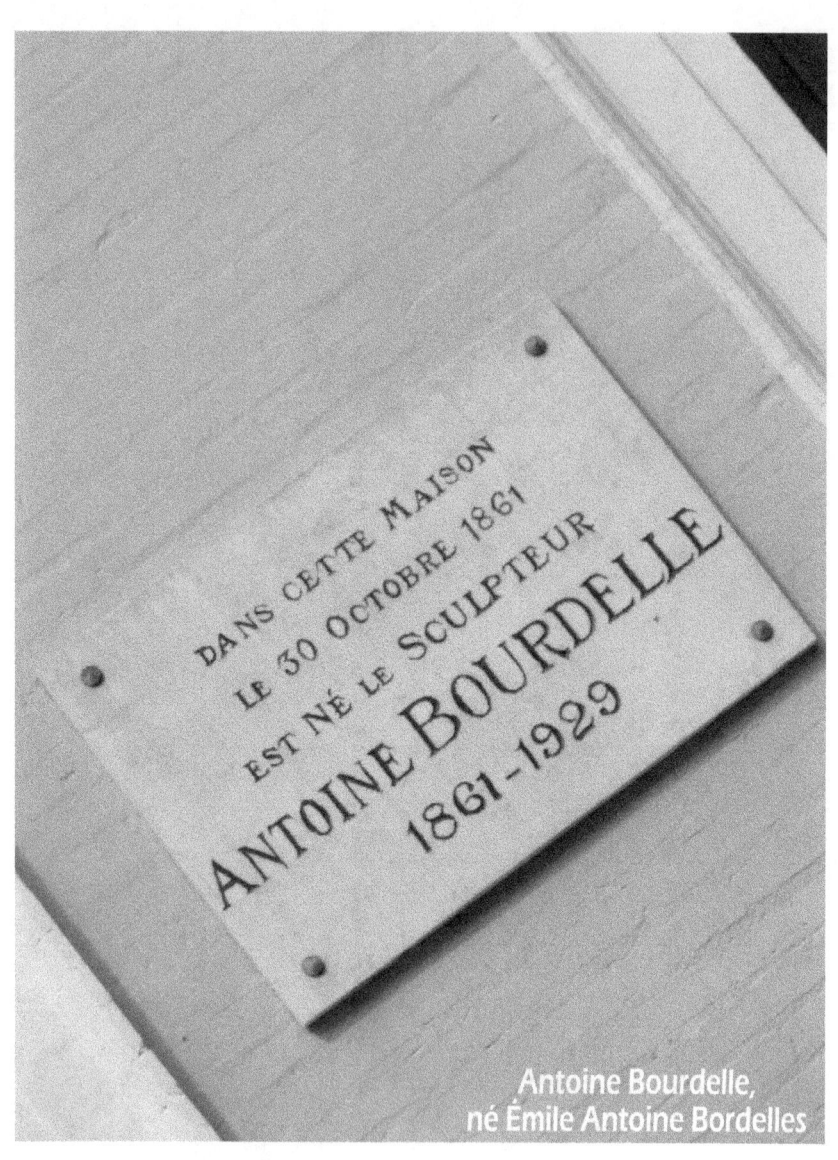

Antoine Bourdelle, né Émile Antoine Bordelles

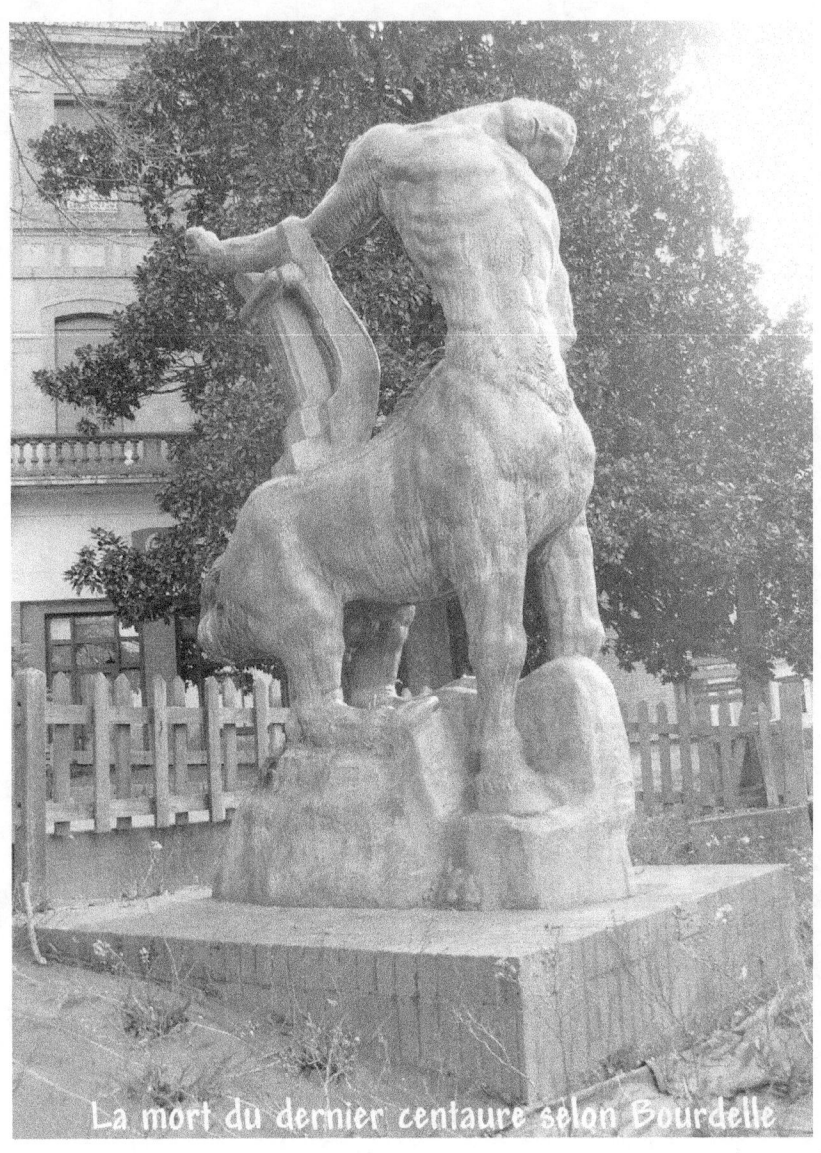
La mort du dernier centaure selon Bourdelle

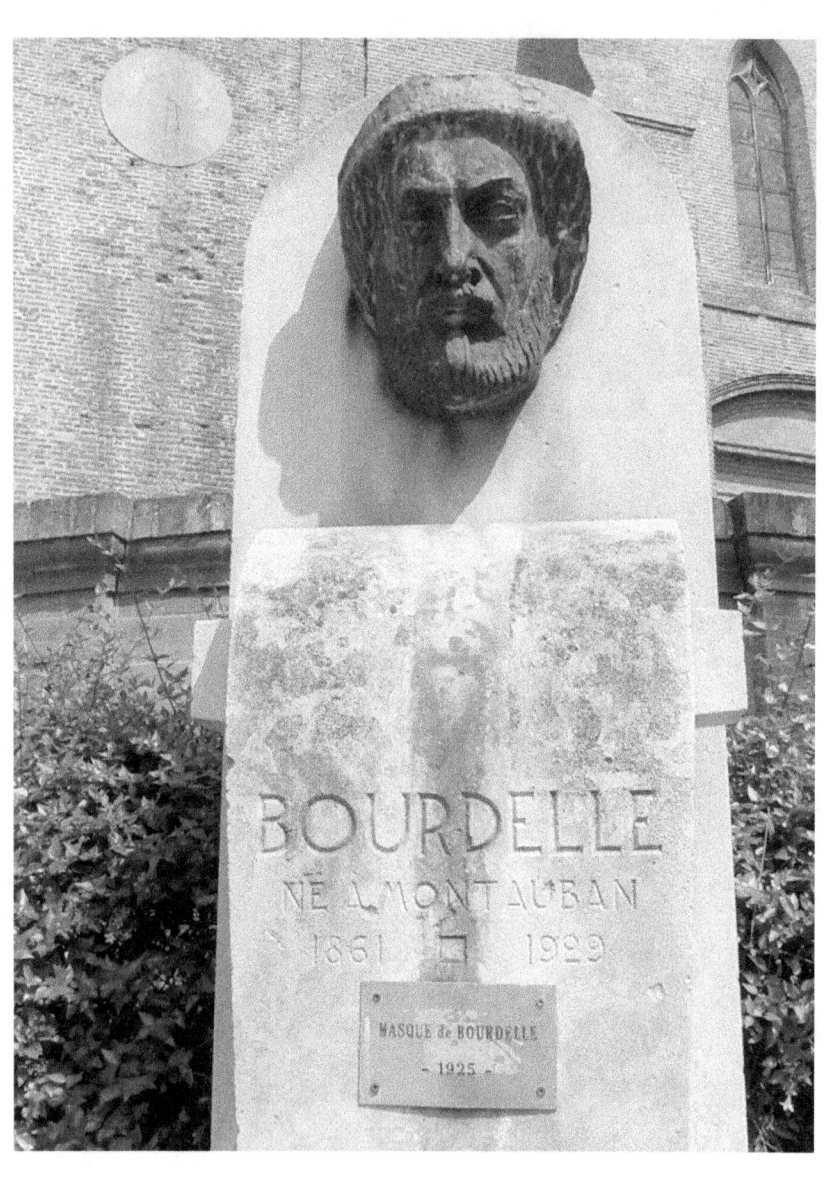

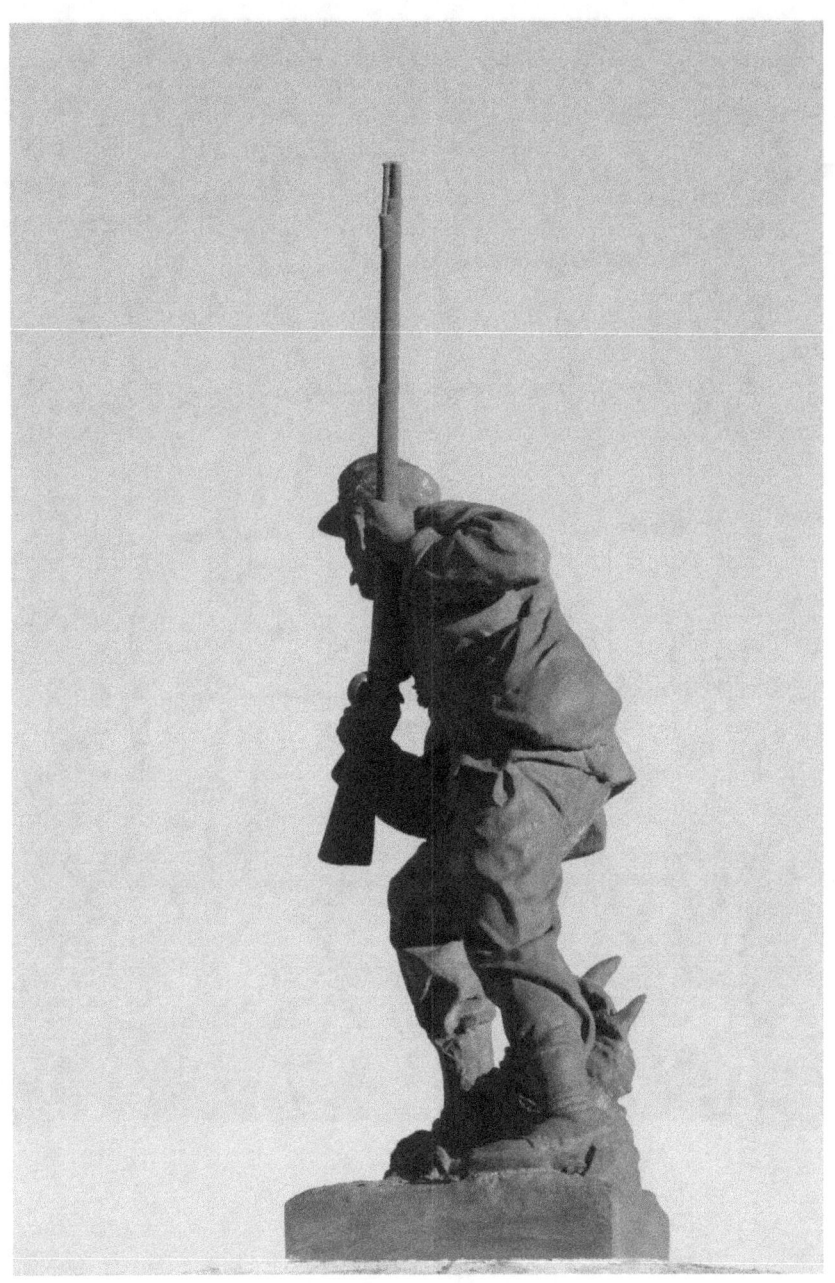

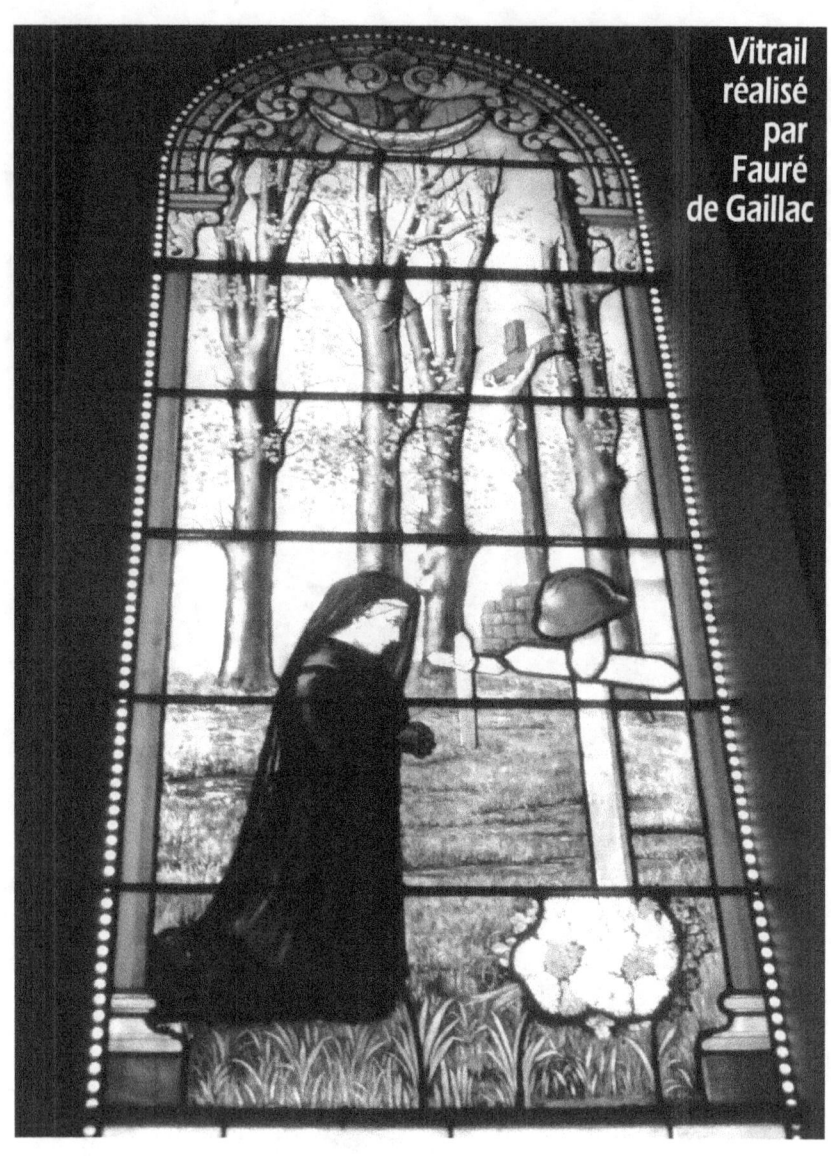

Vitrail réalisé par Fauré de Gaillac

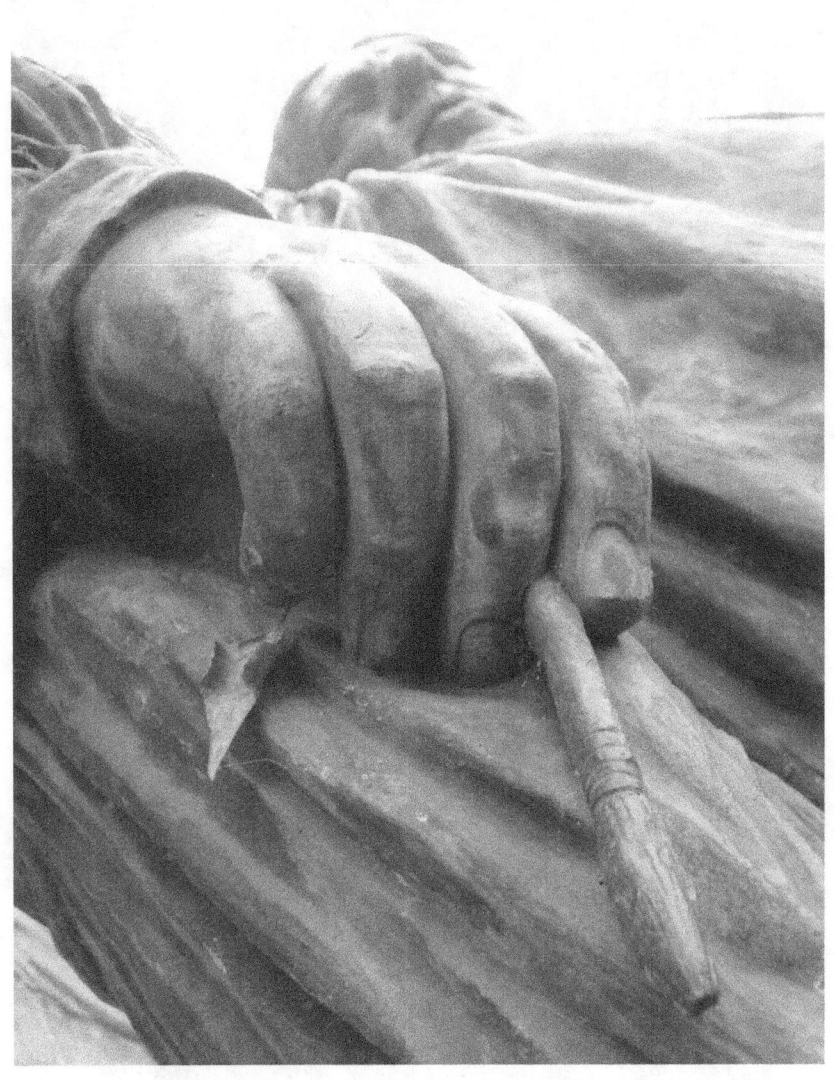

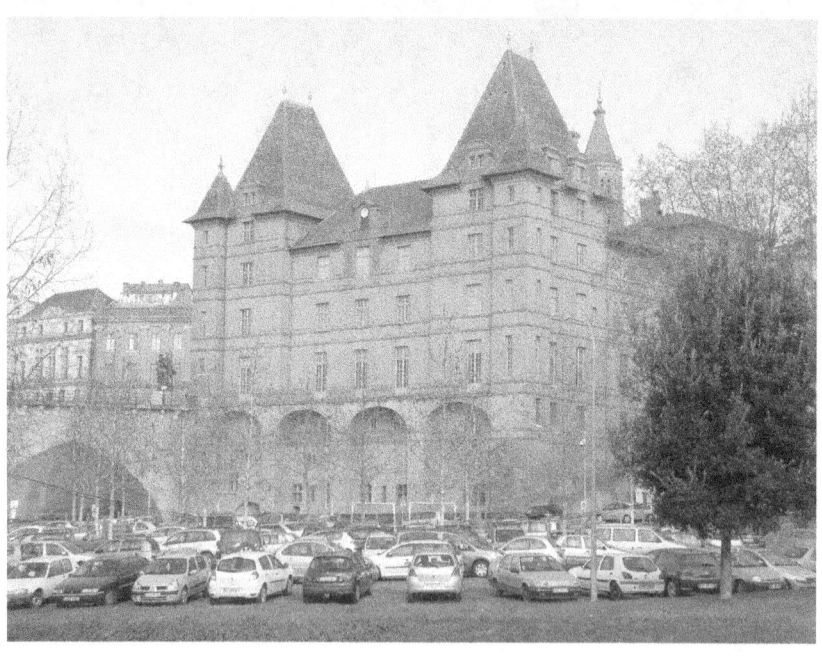

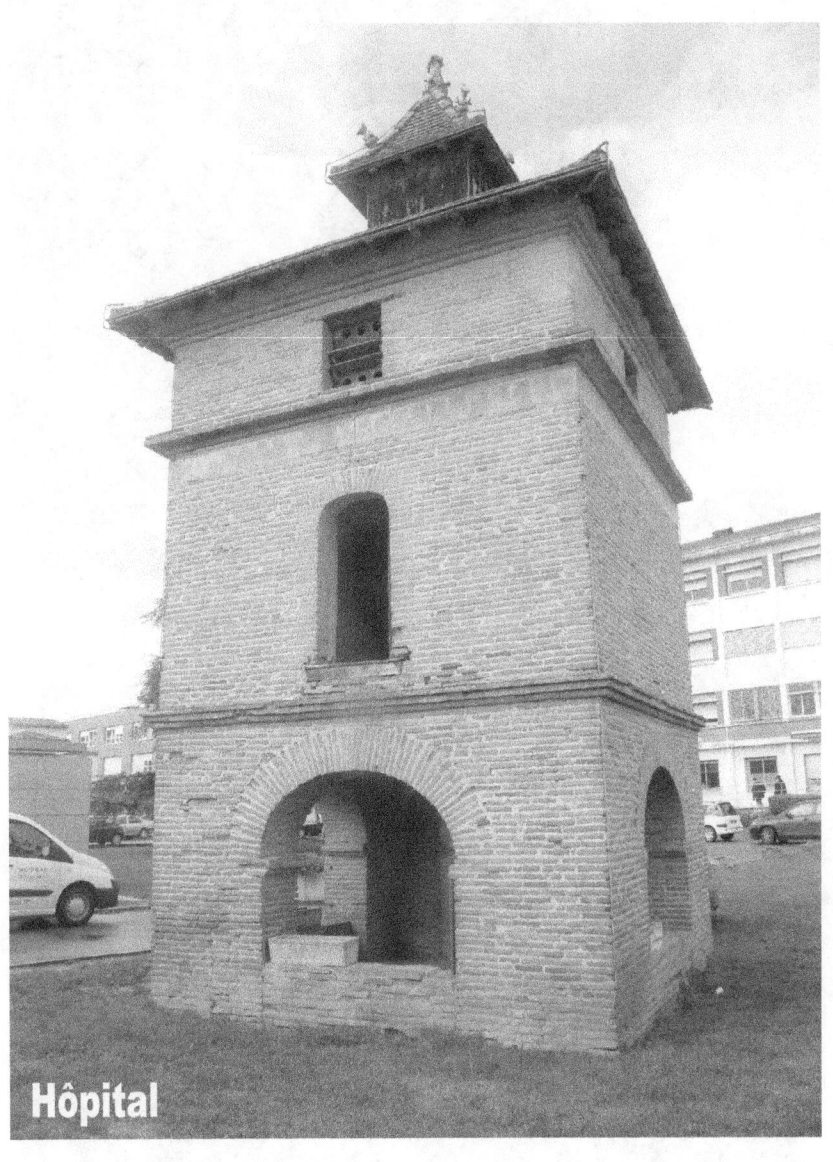

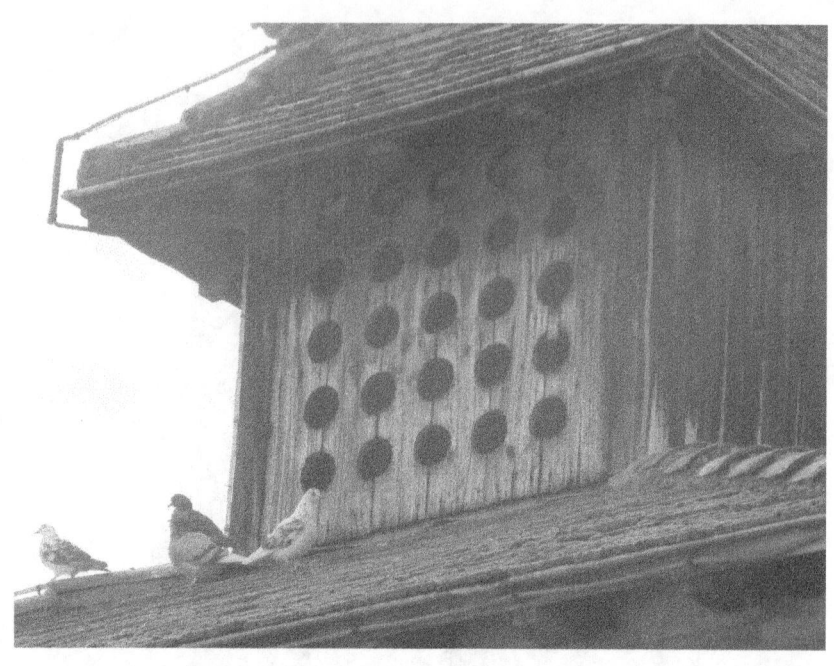

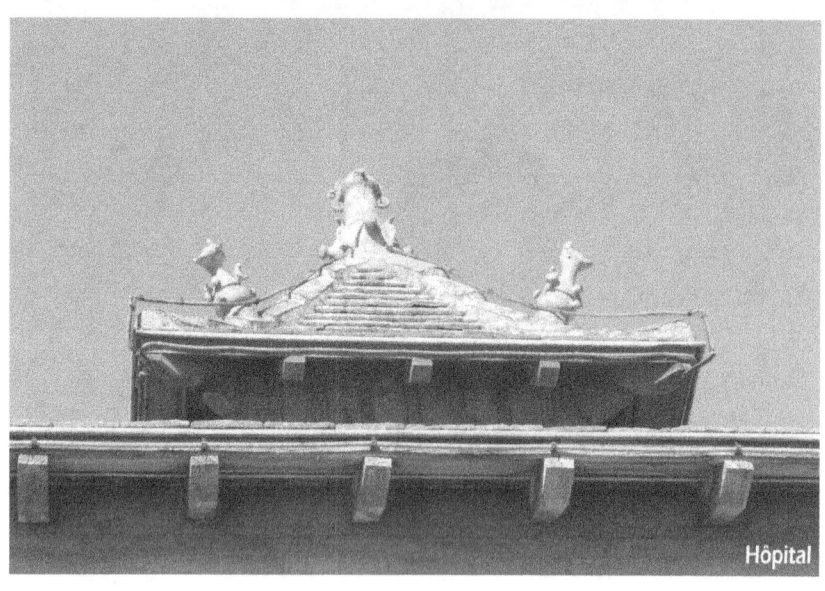

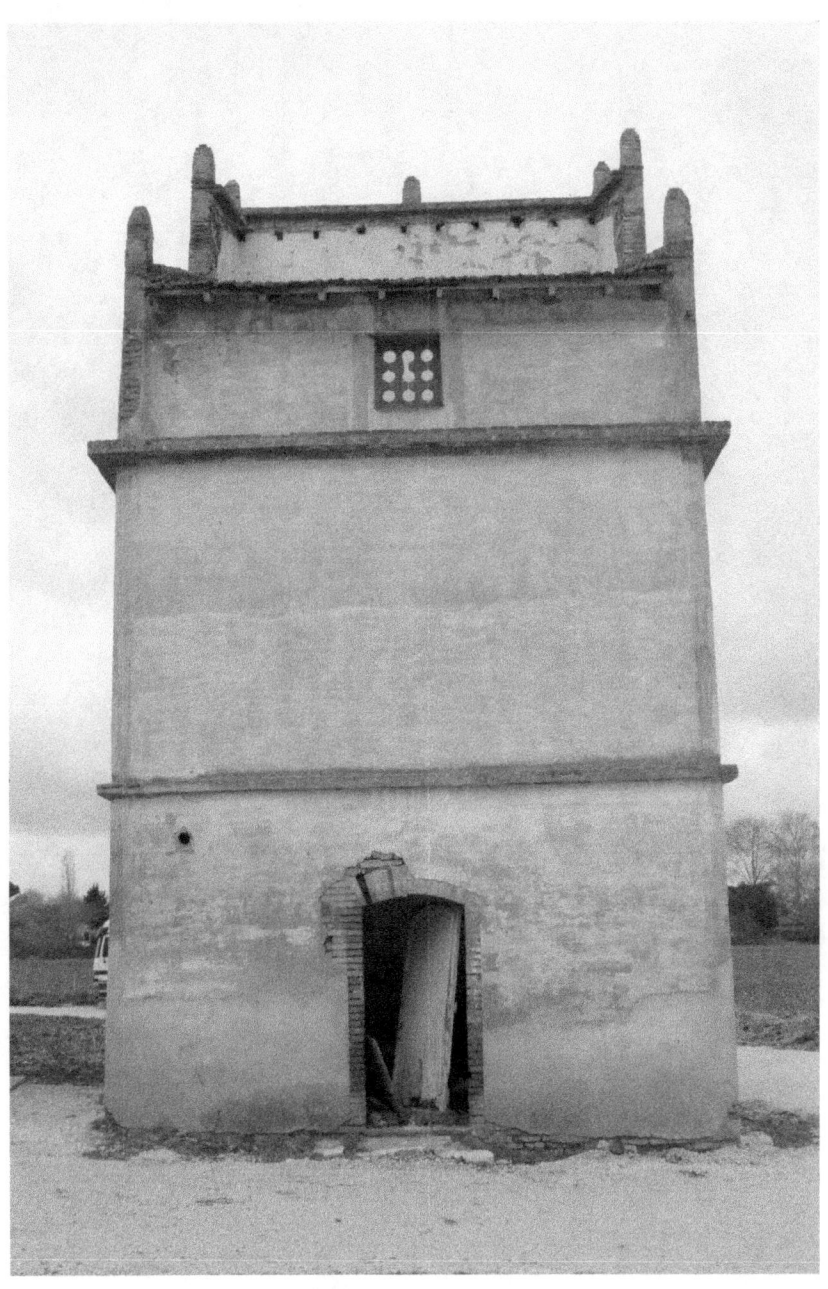

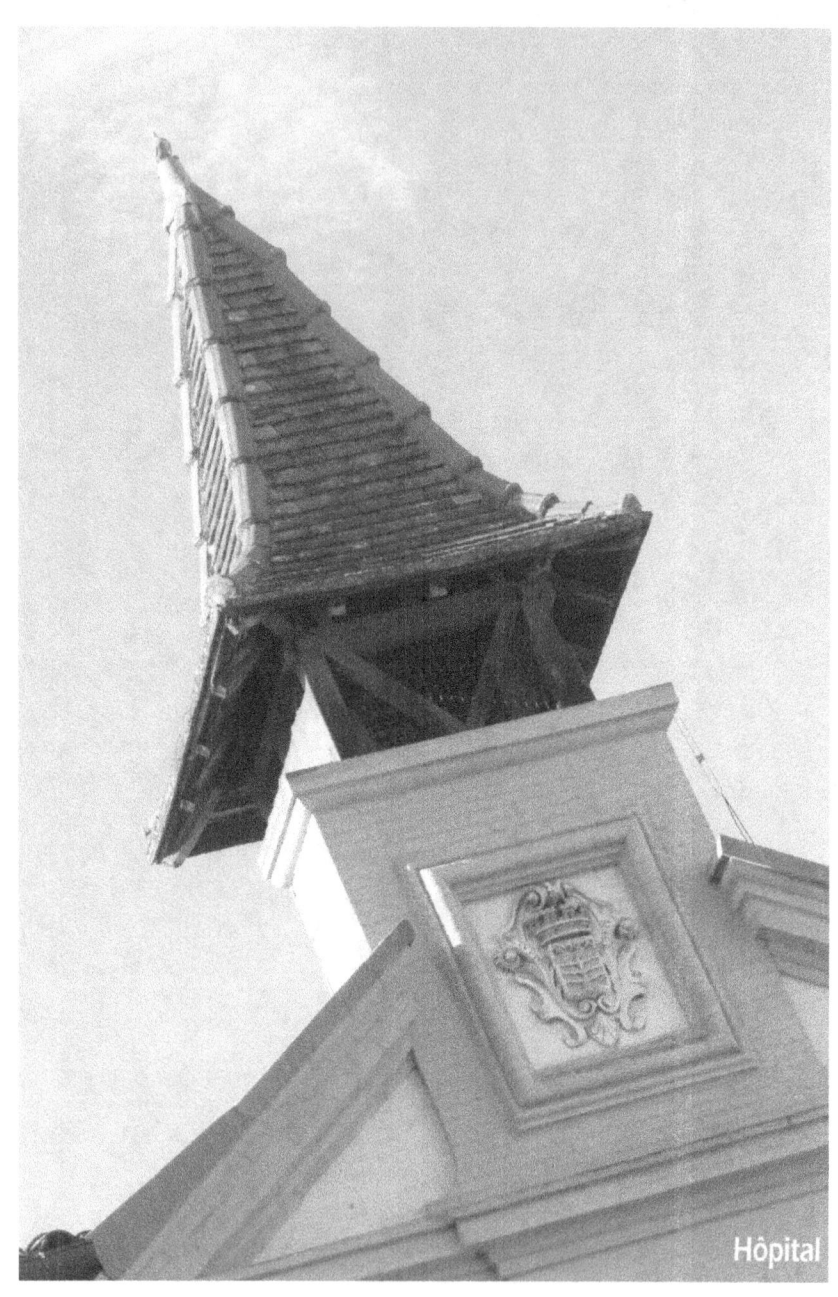

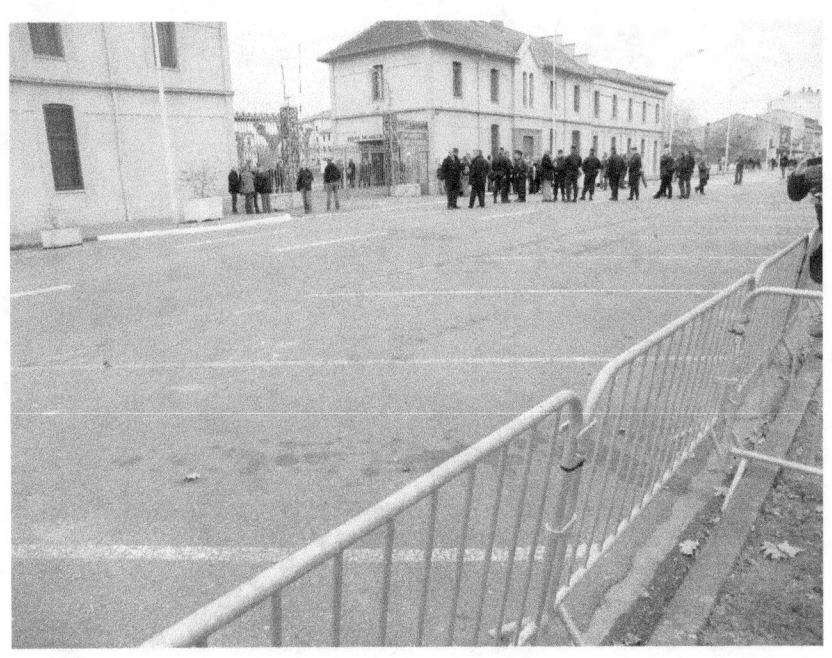

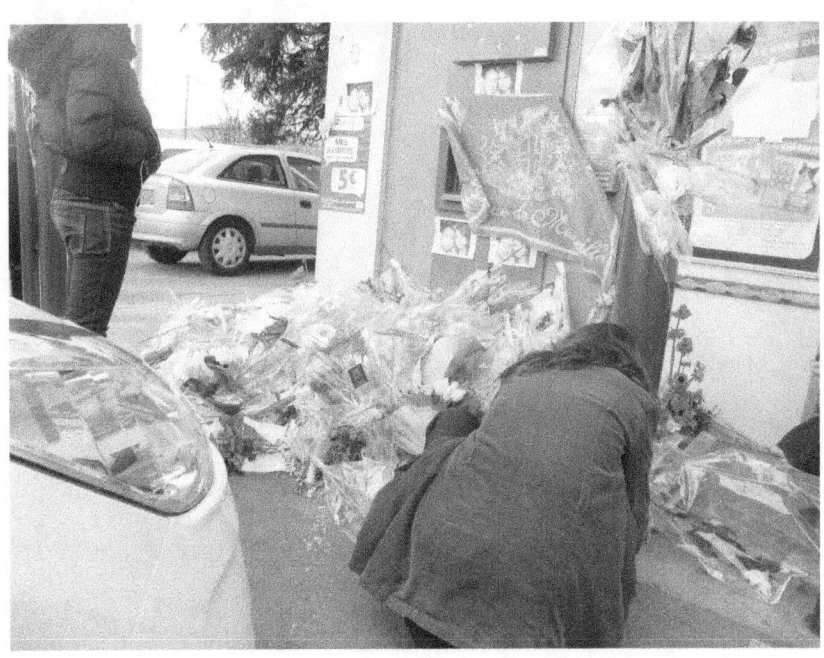

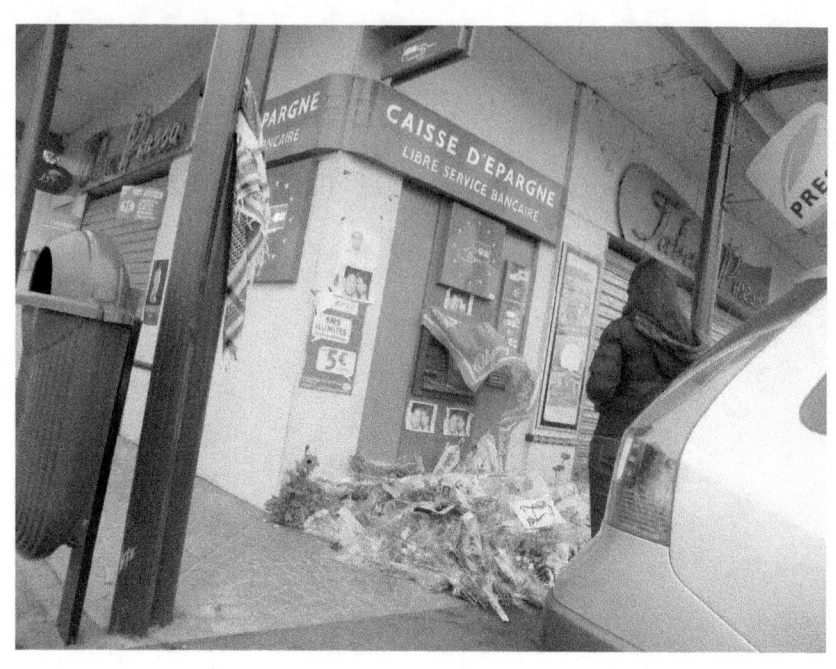

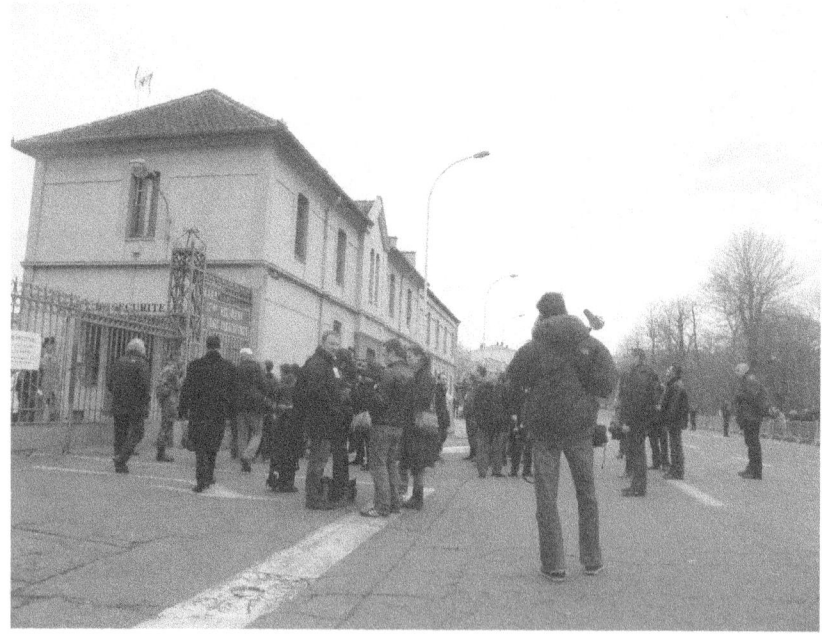

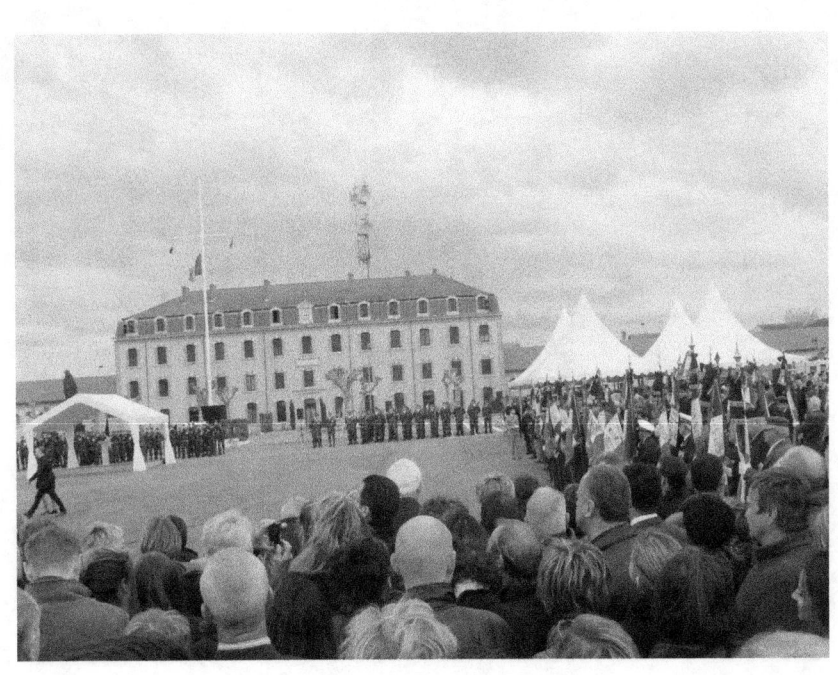

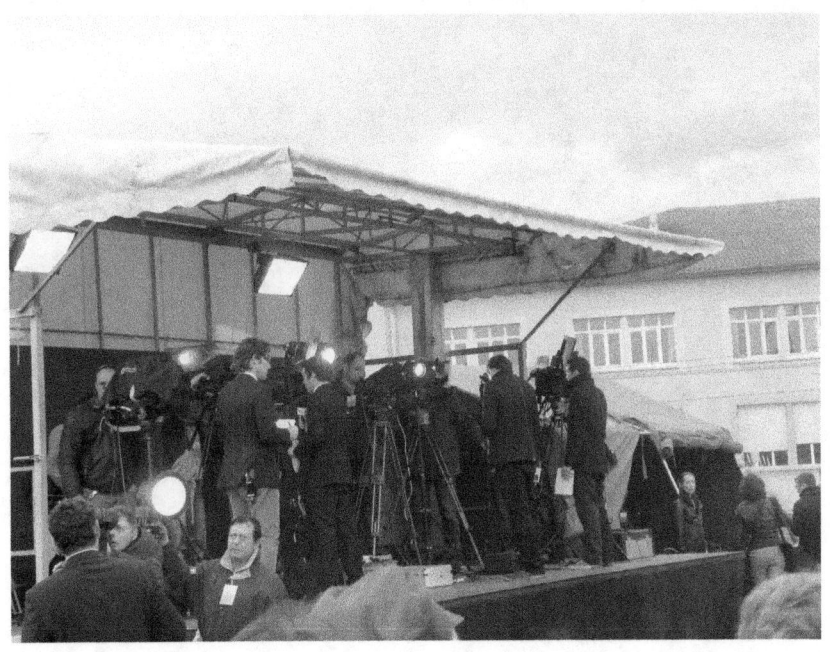

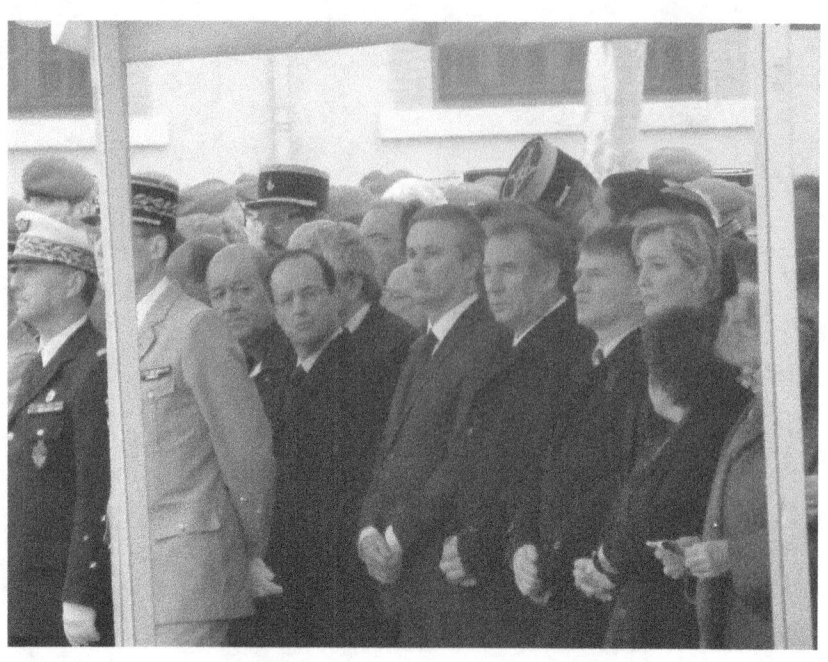

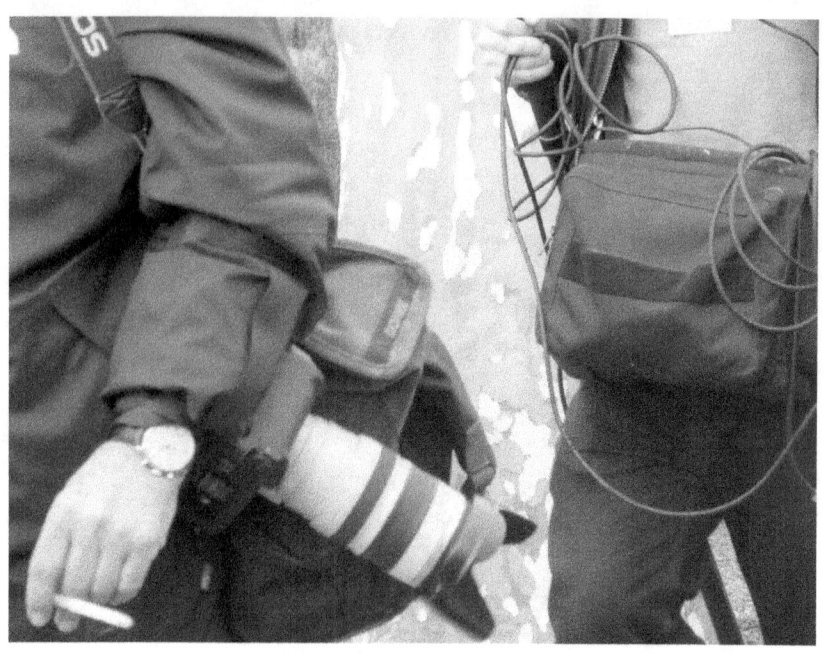

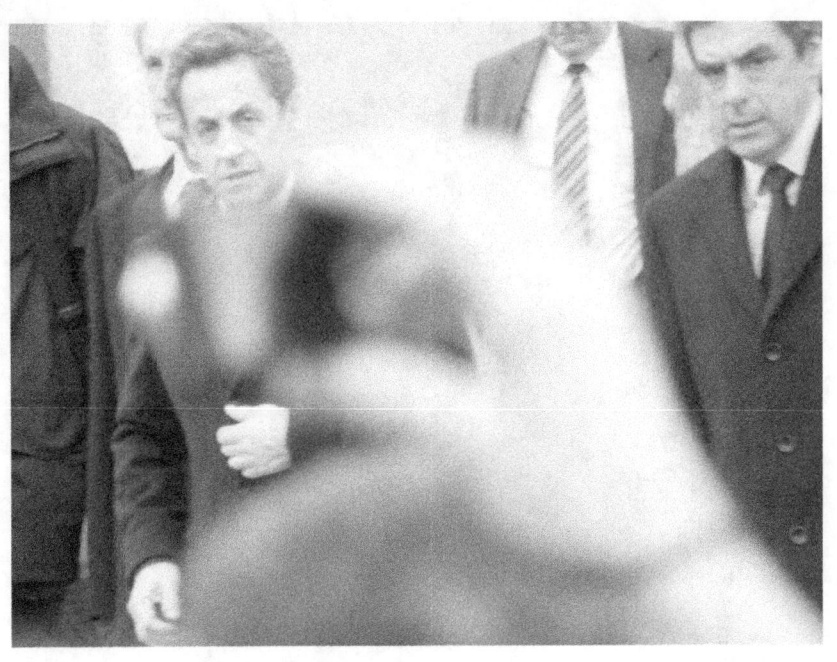

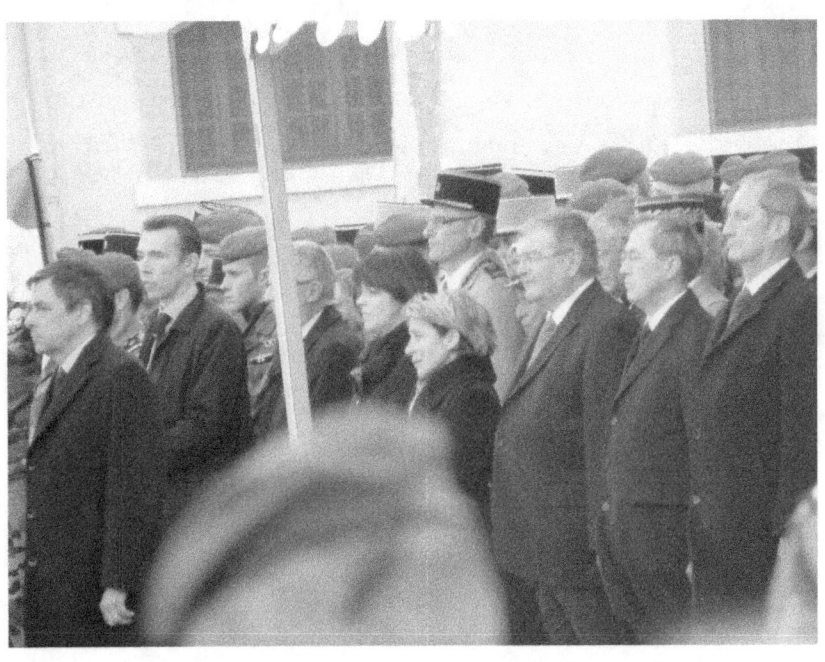

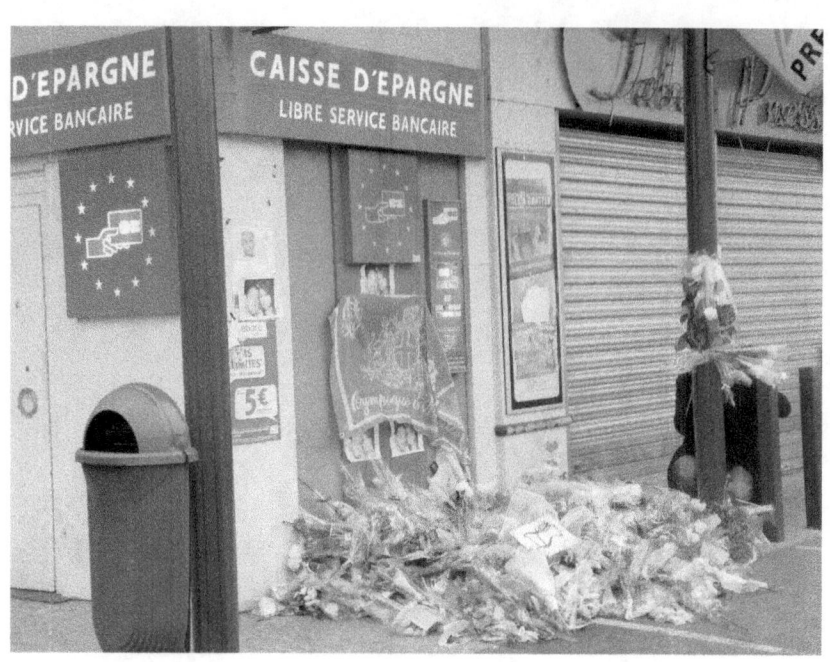

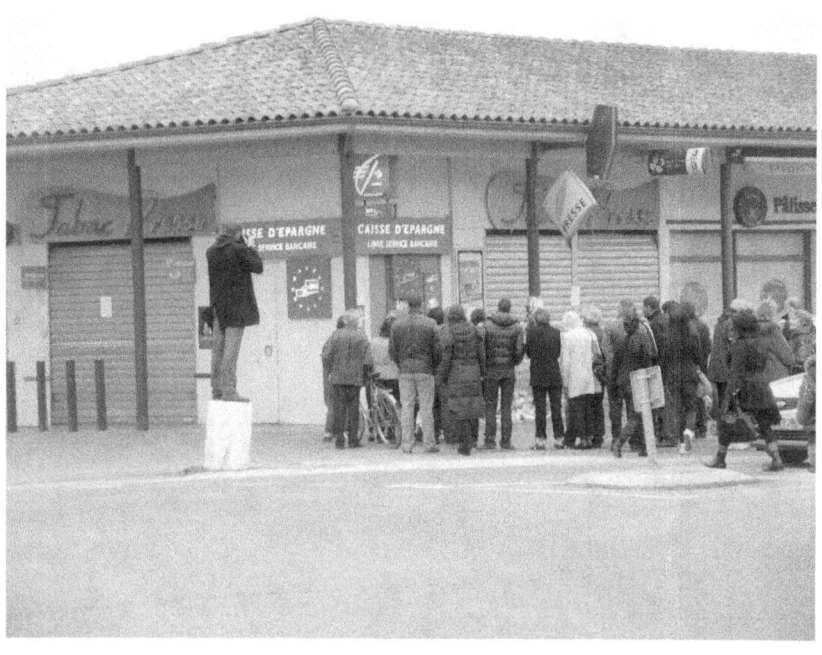

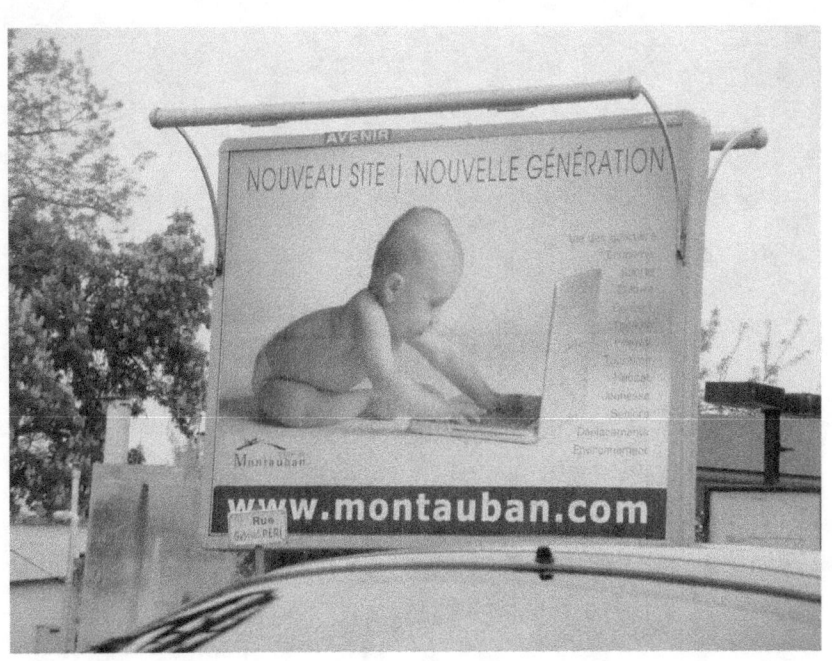

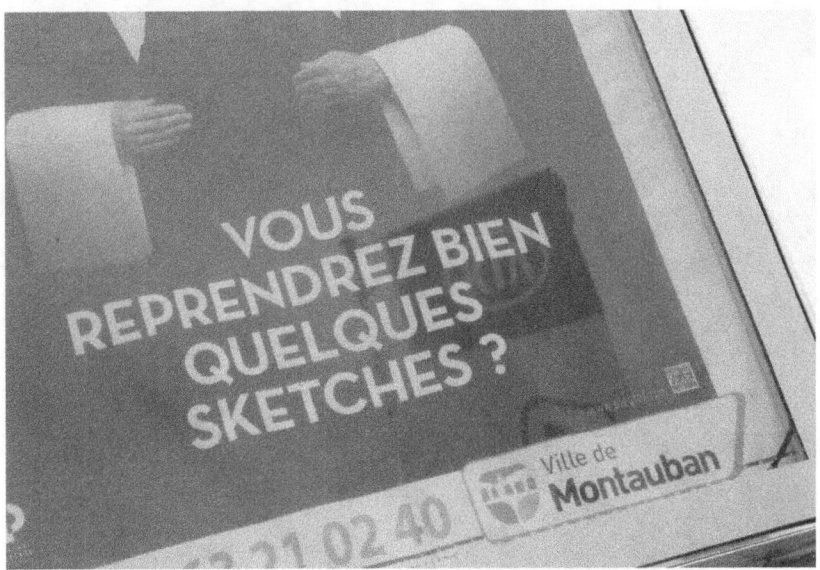

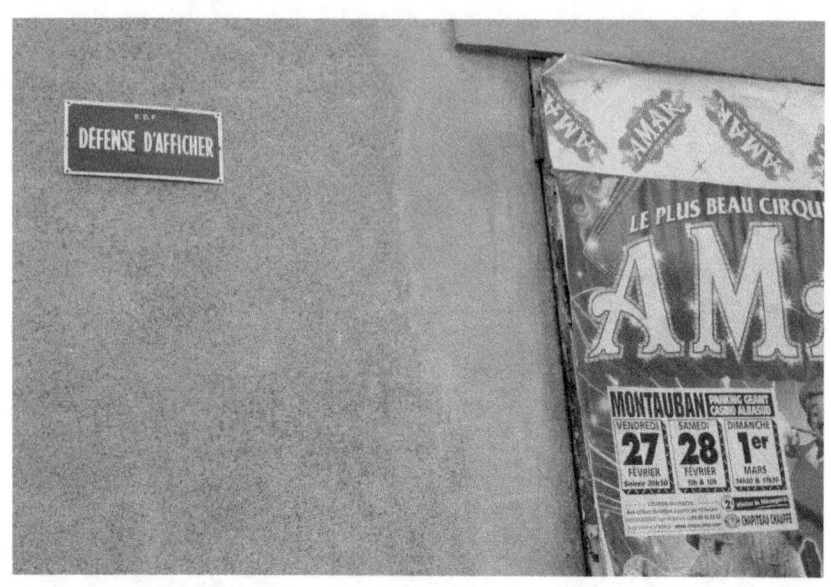

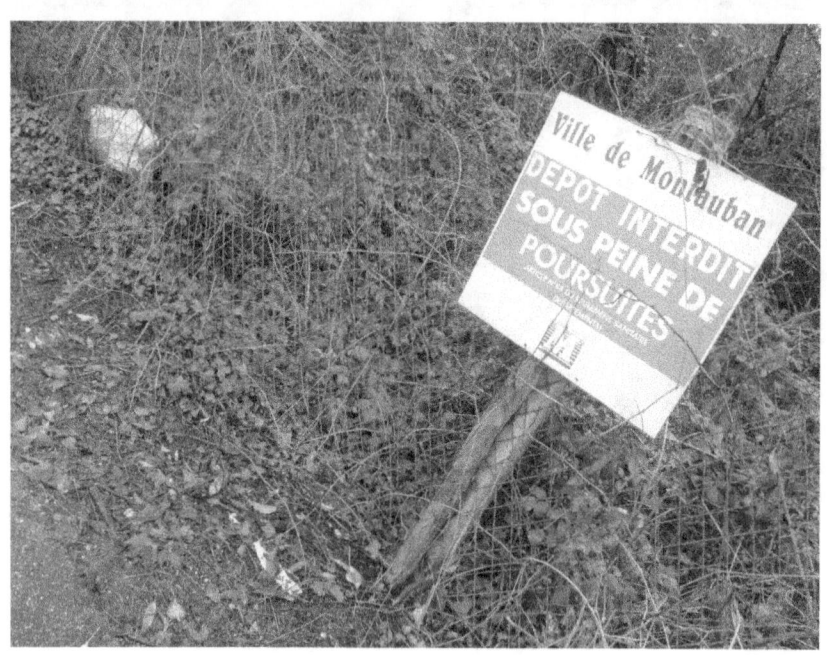

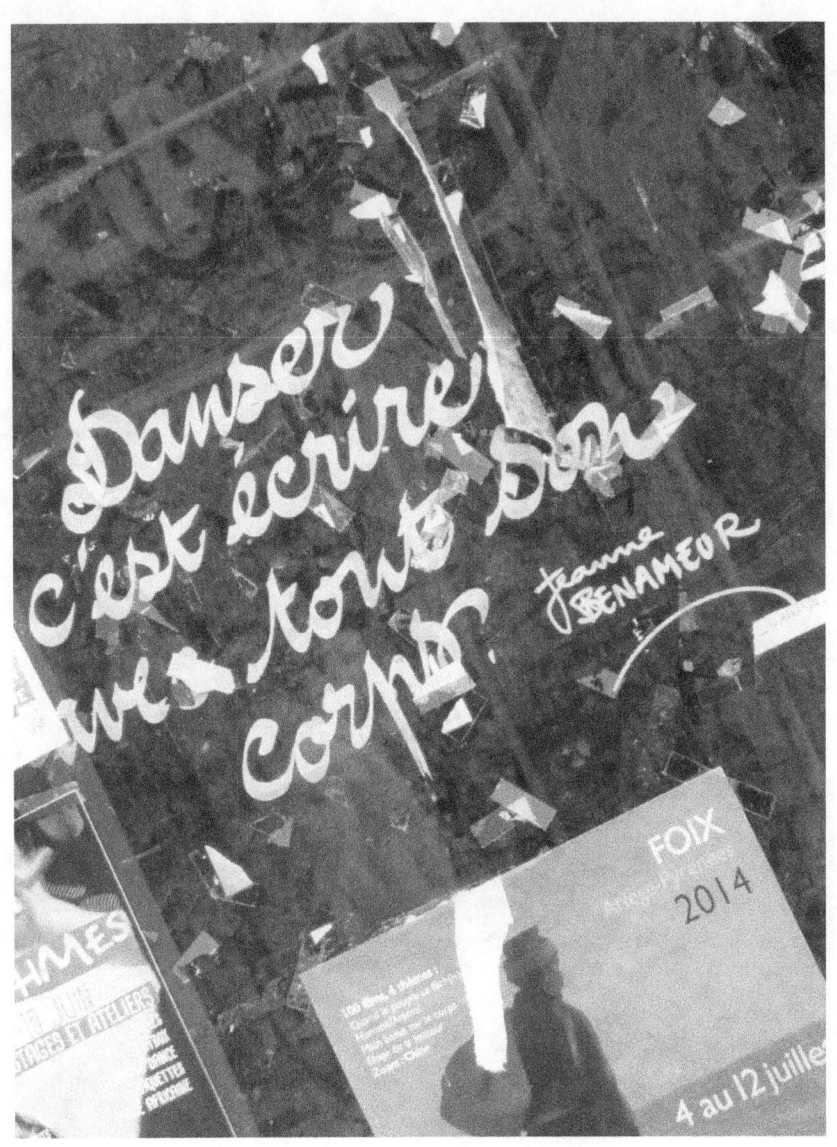

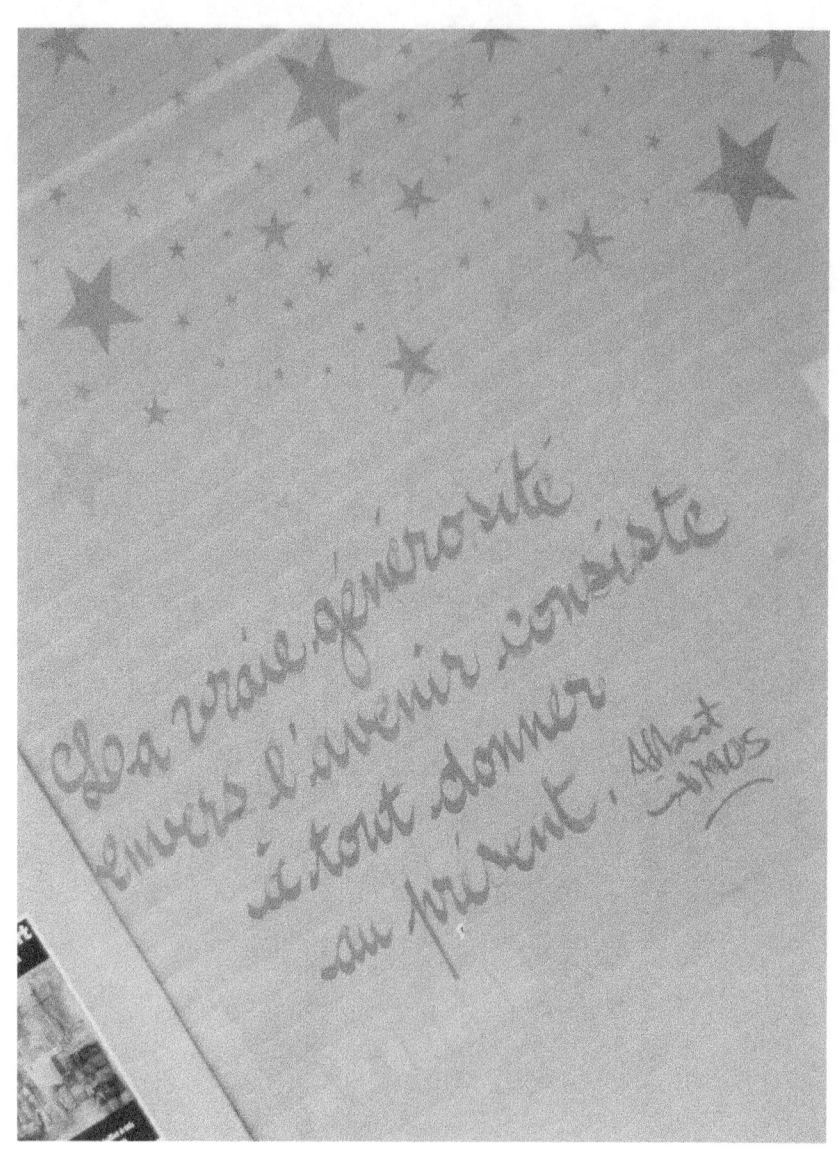

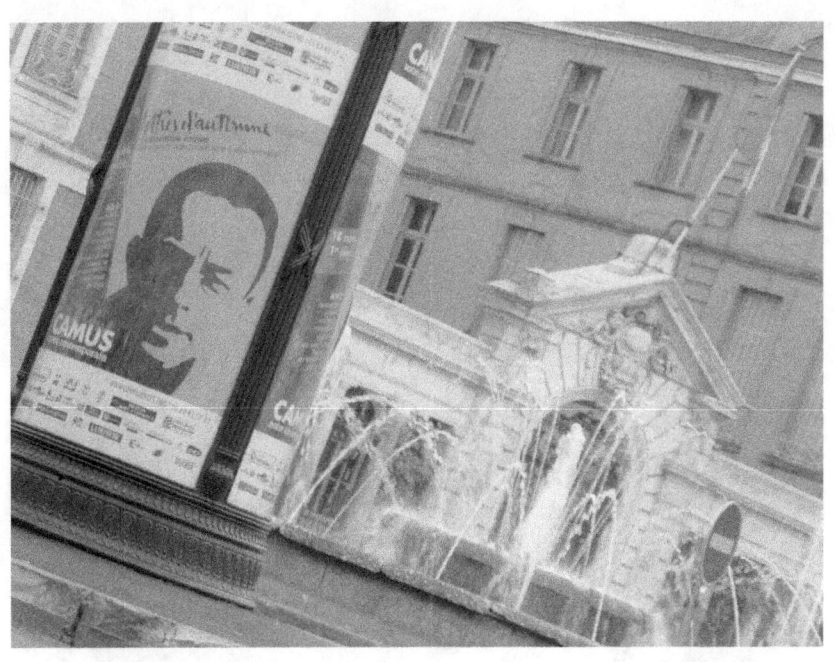

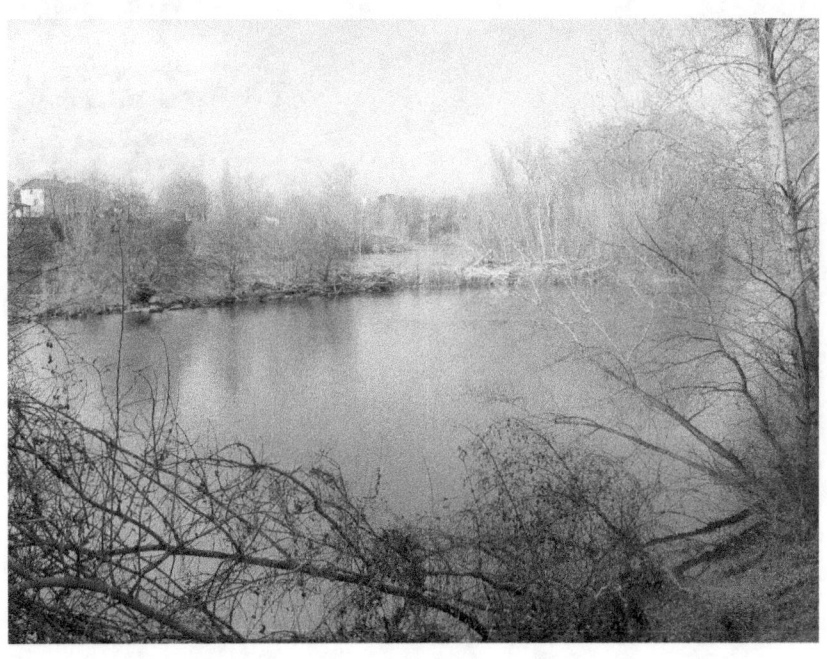

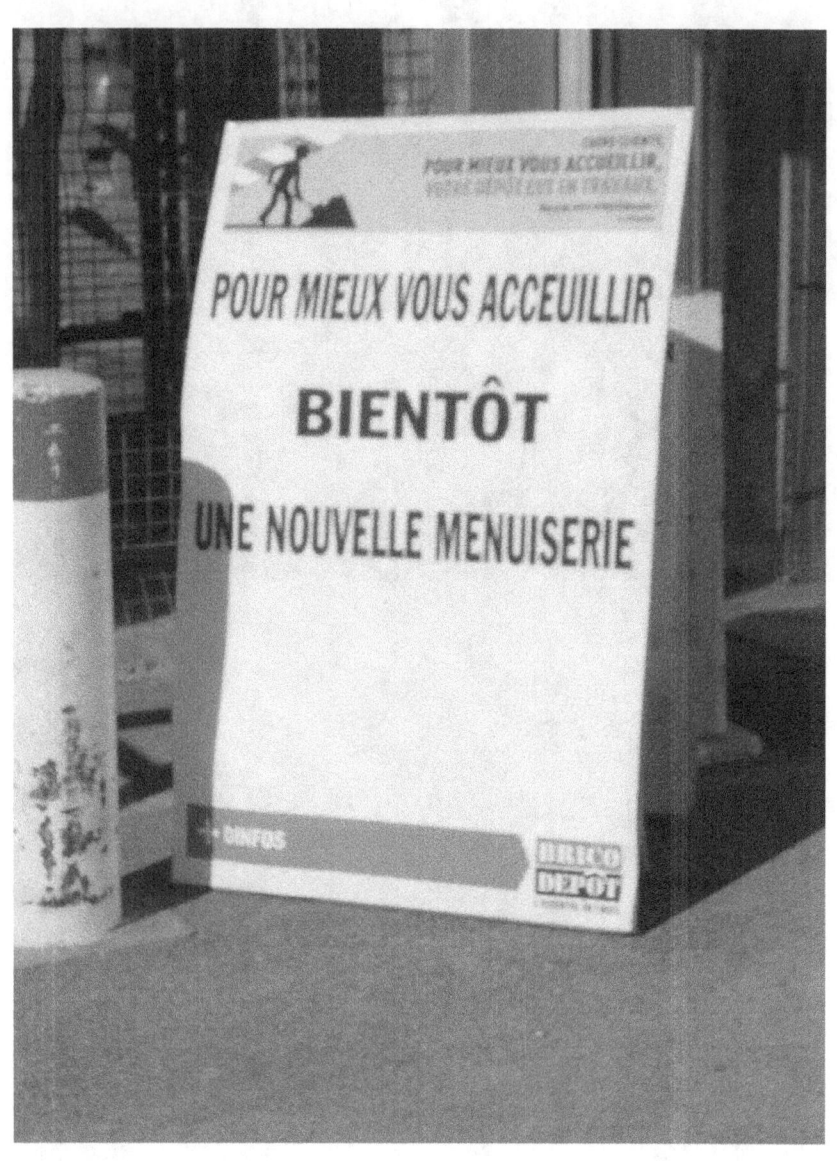

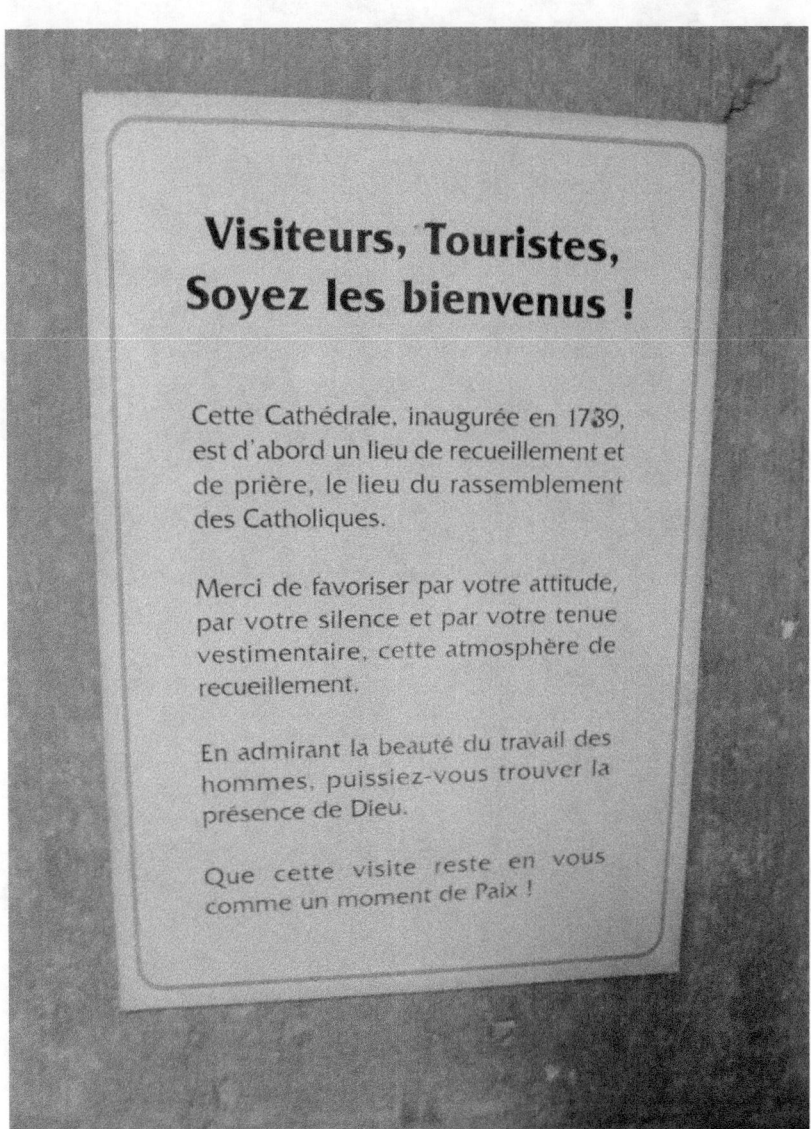

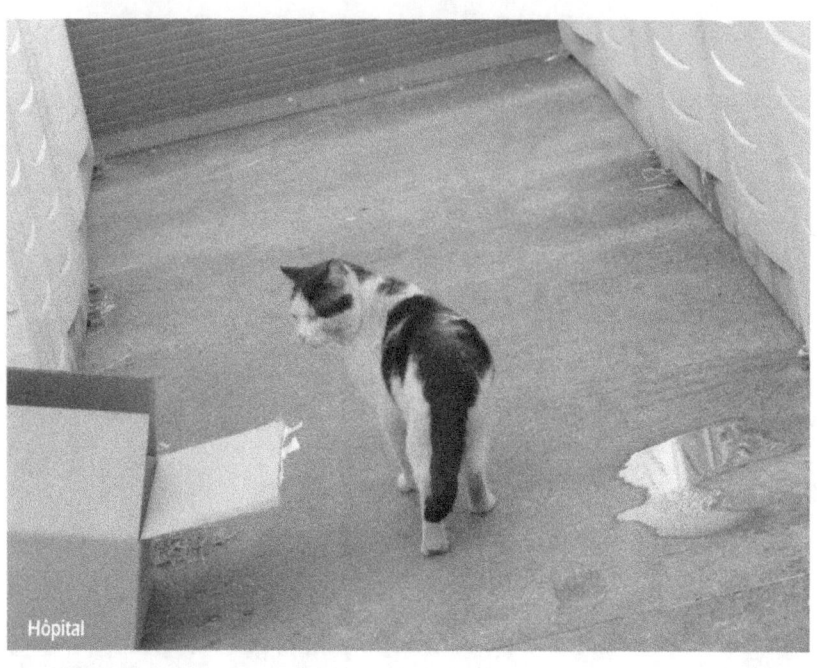

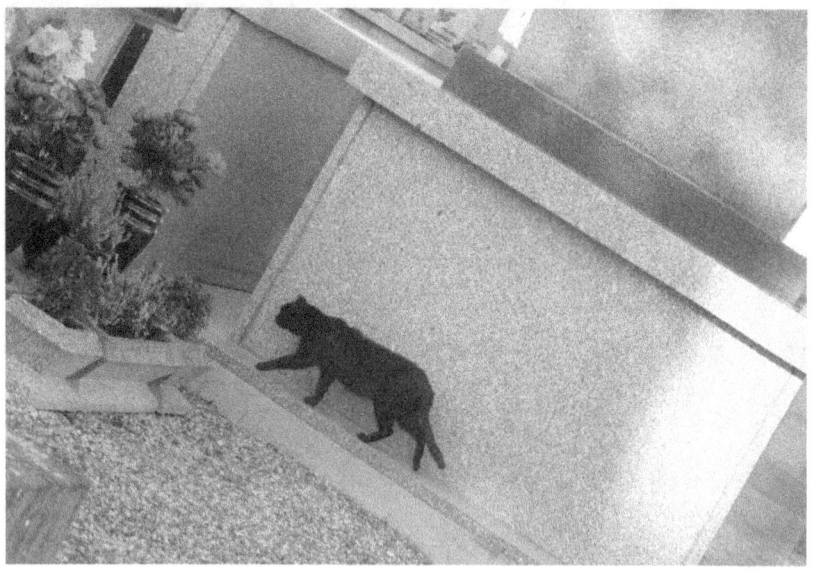

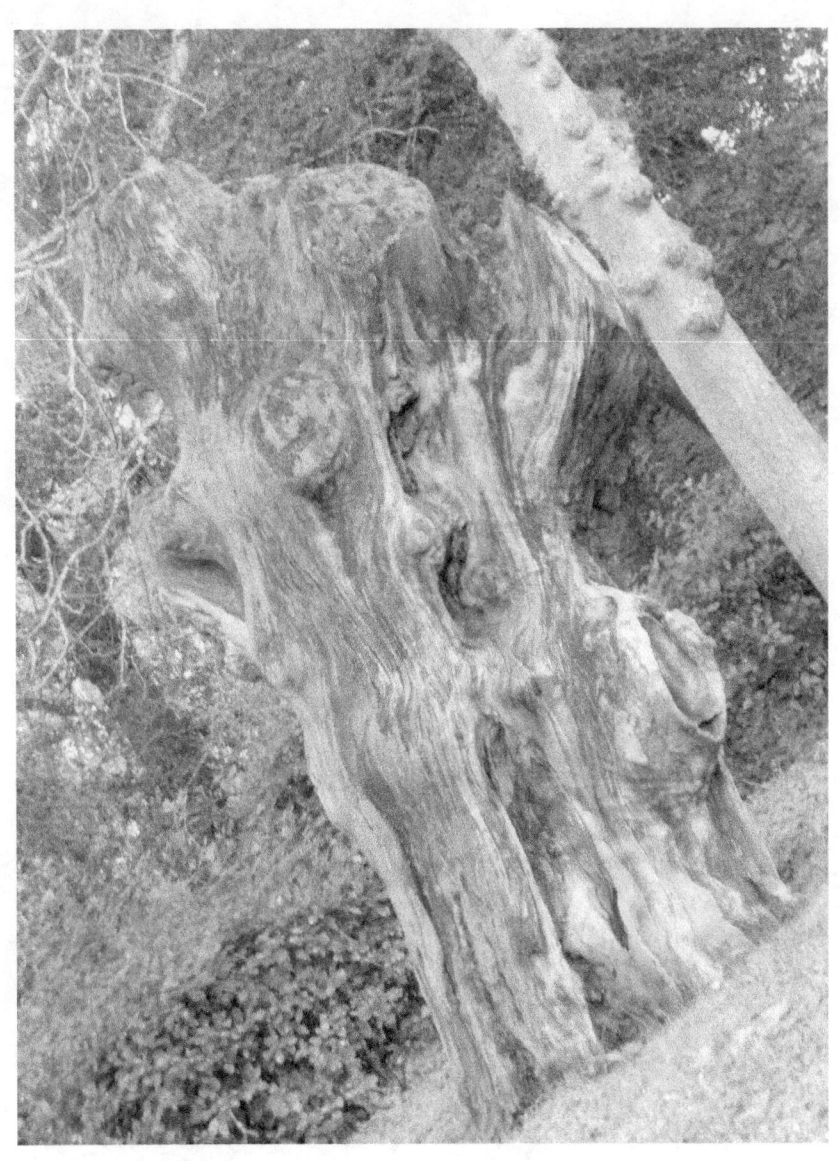

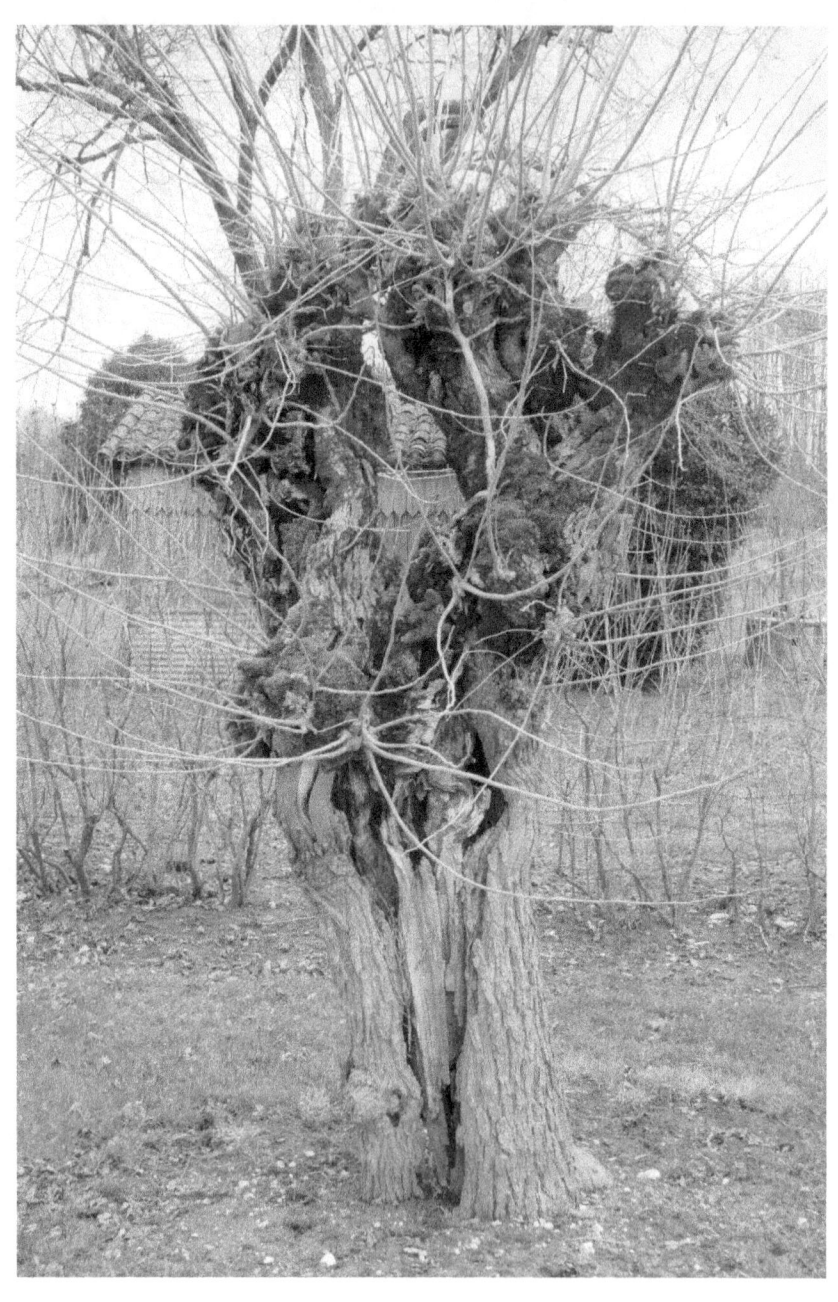

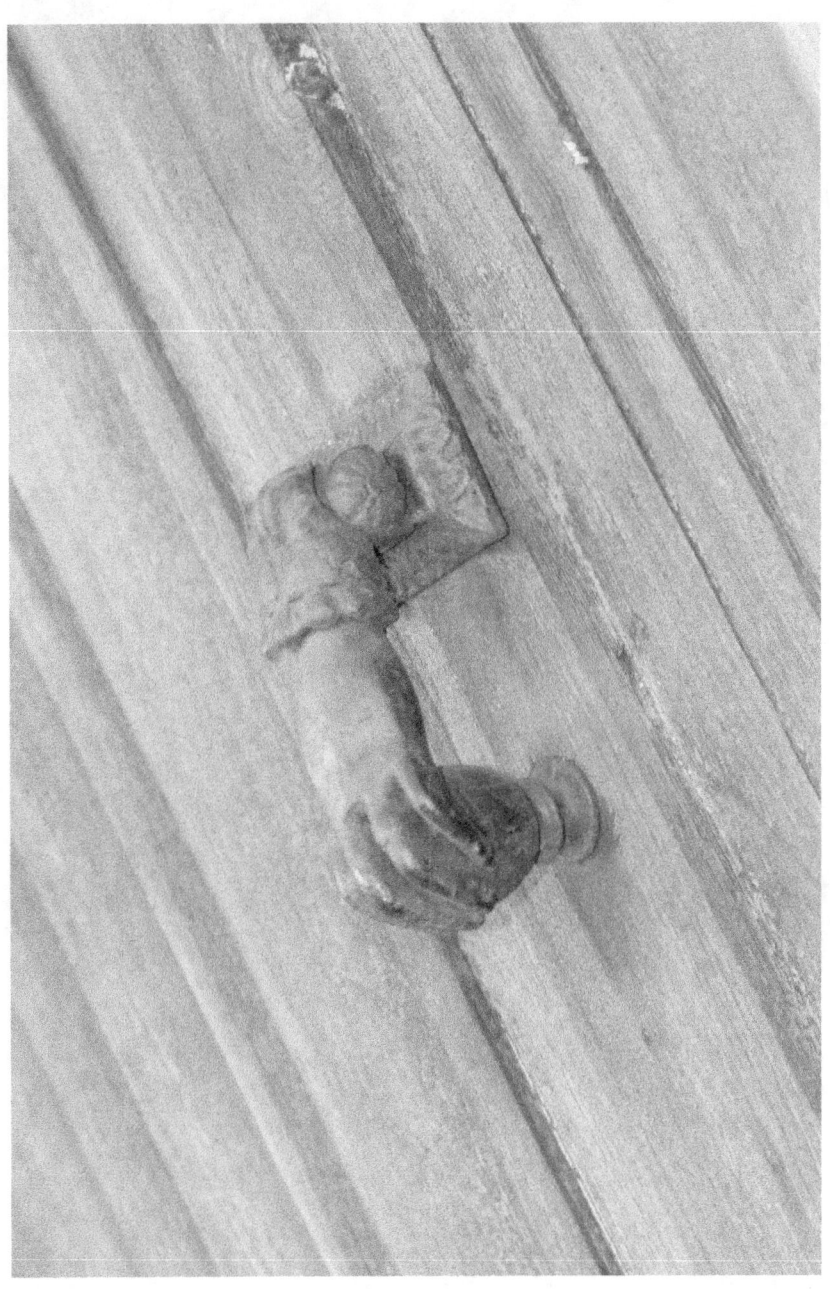

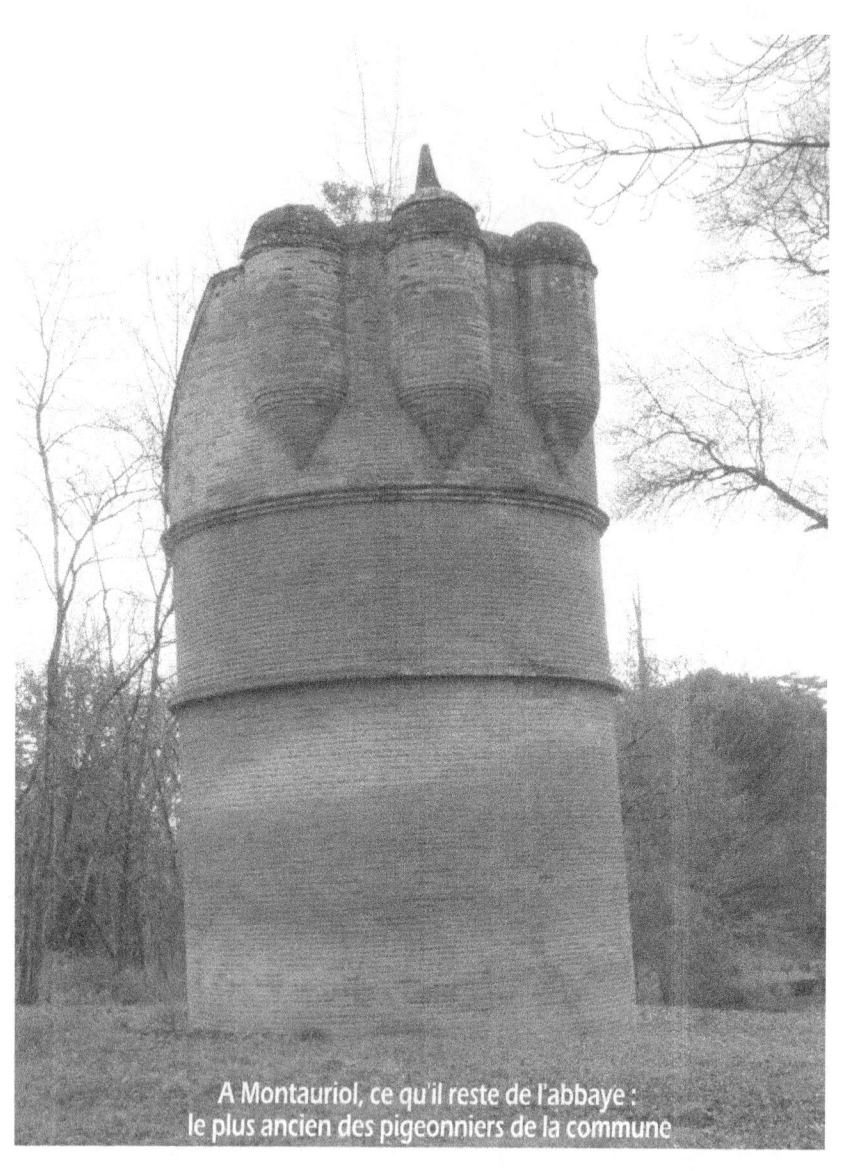

A Montauriol, ce qu'il reste de l'abbaye :
le plus ancien des pigeonniers de la commune

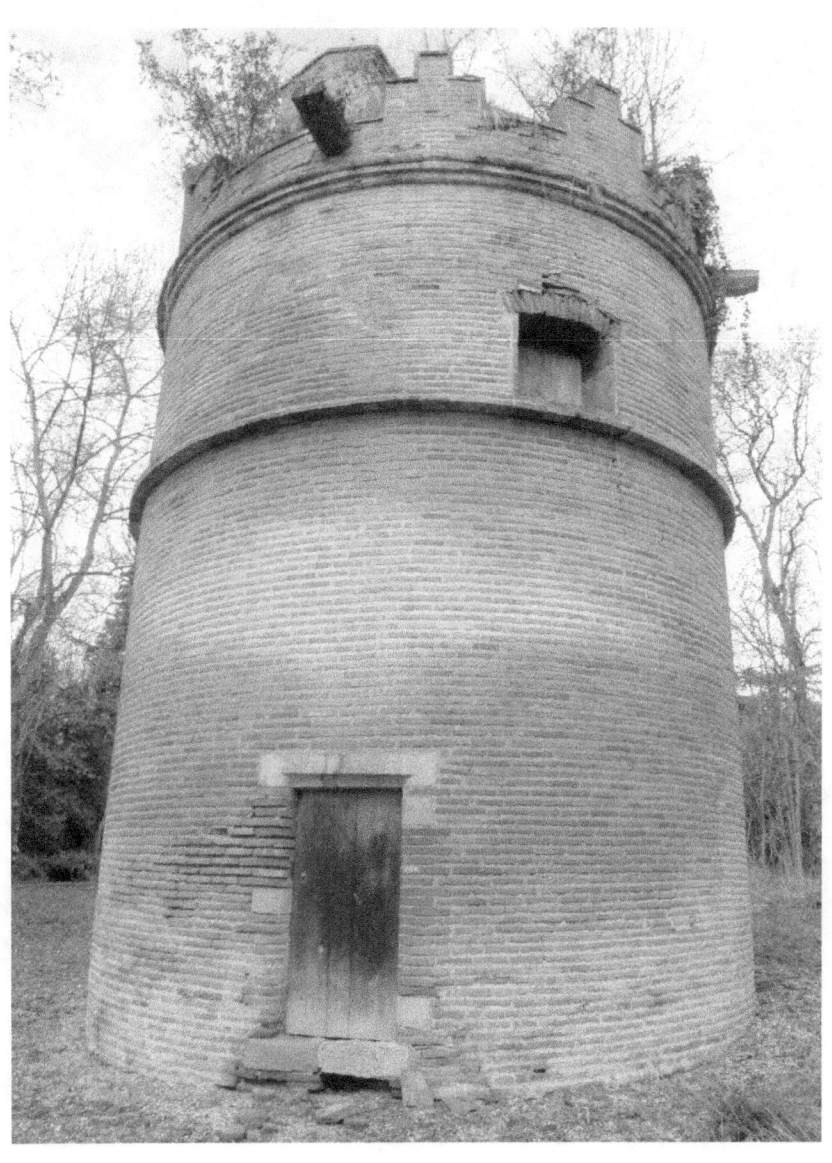

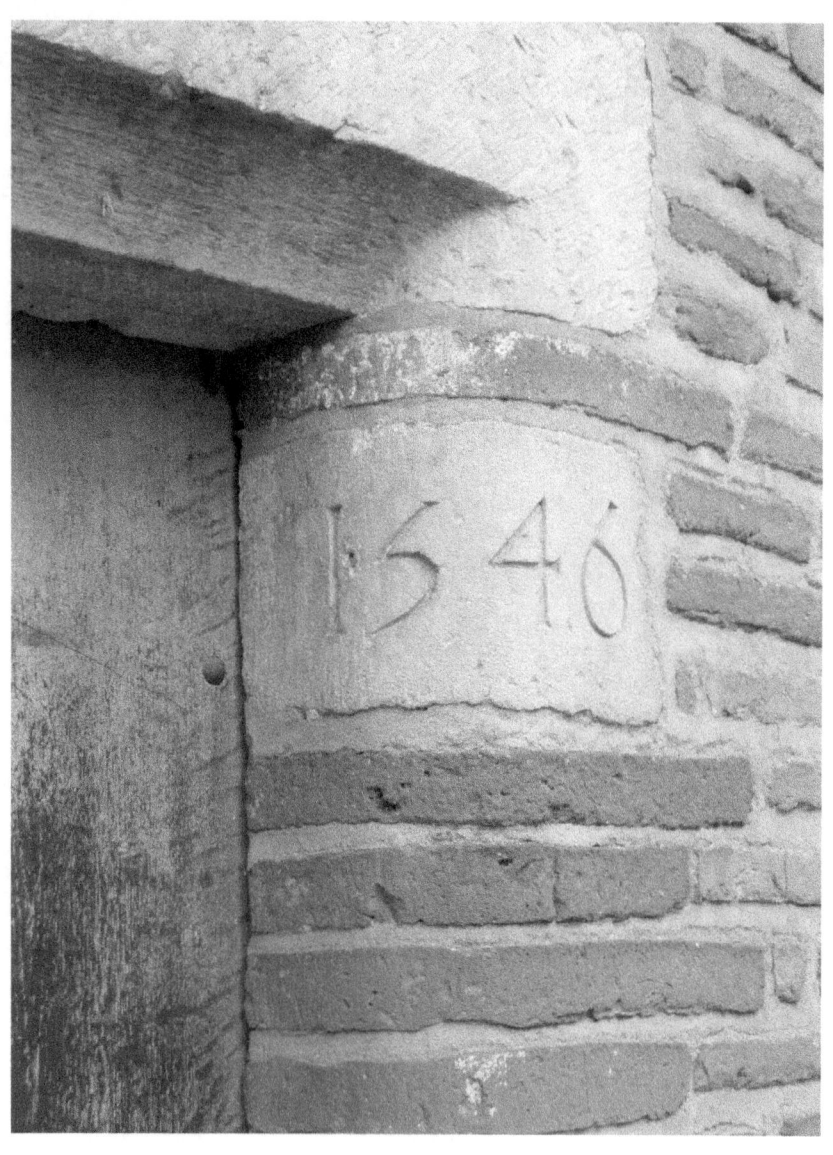

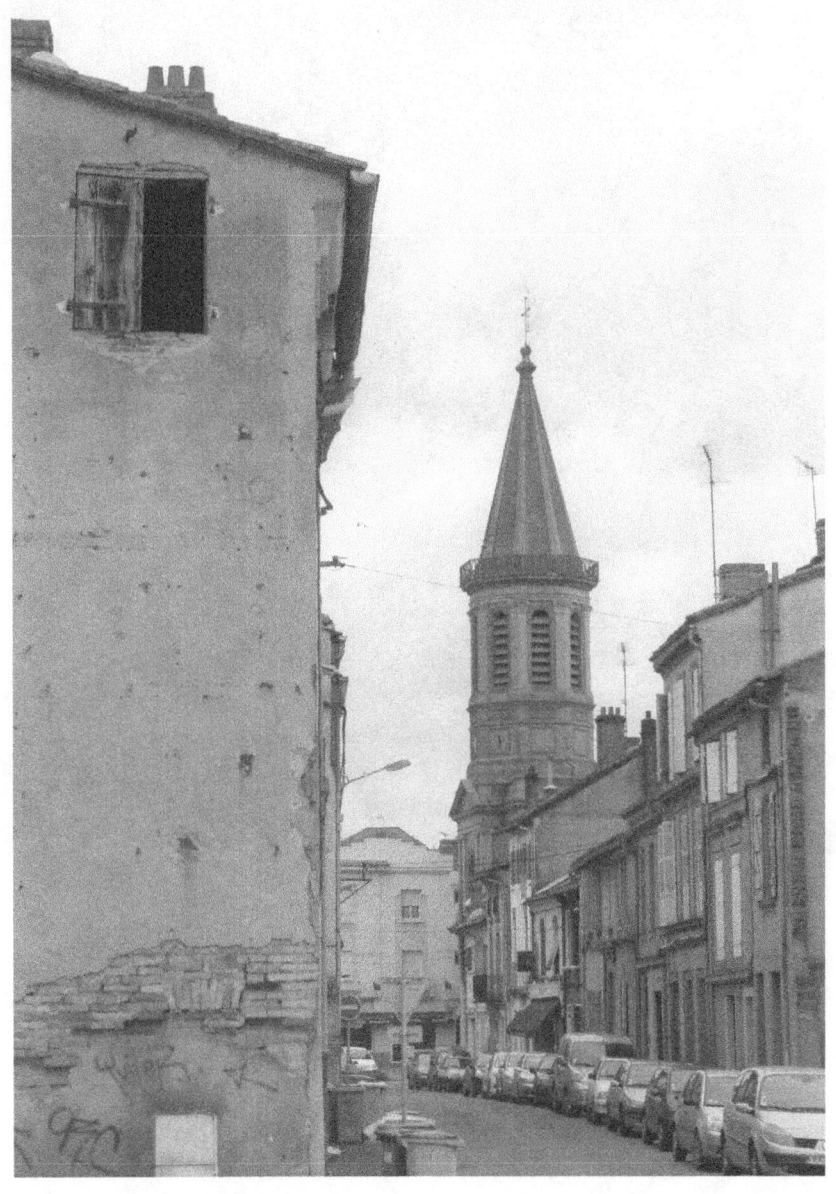

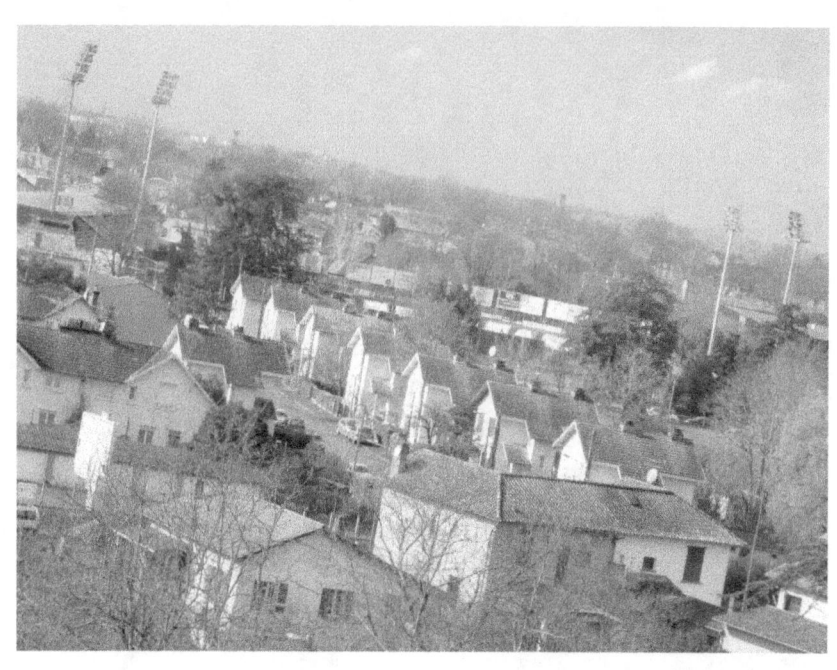

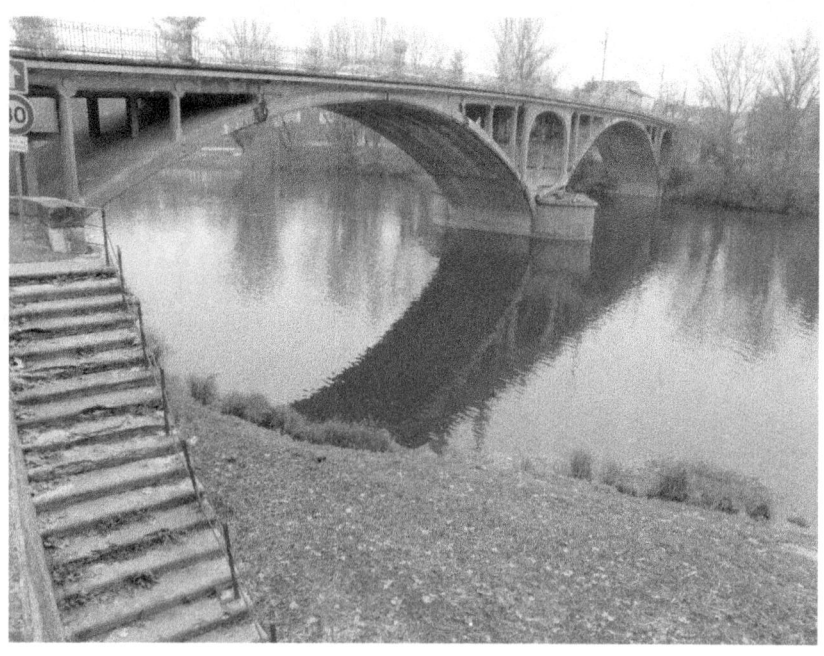

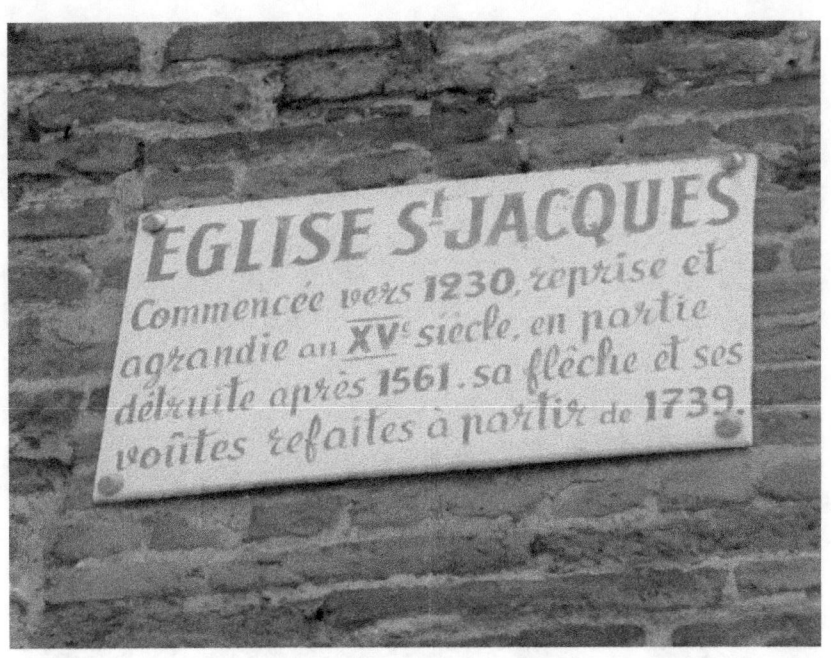

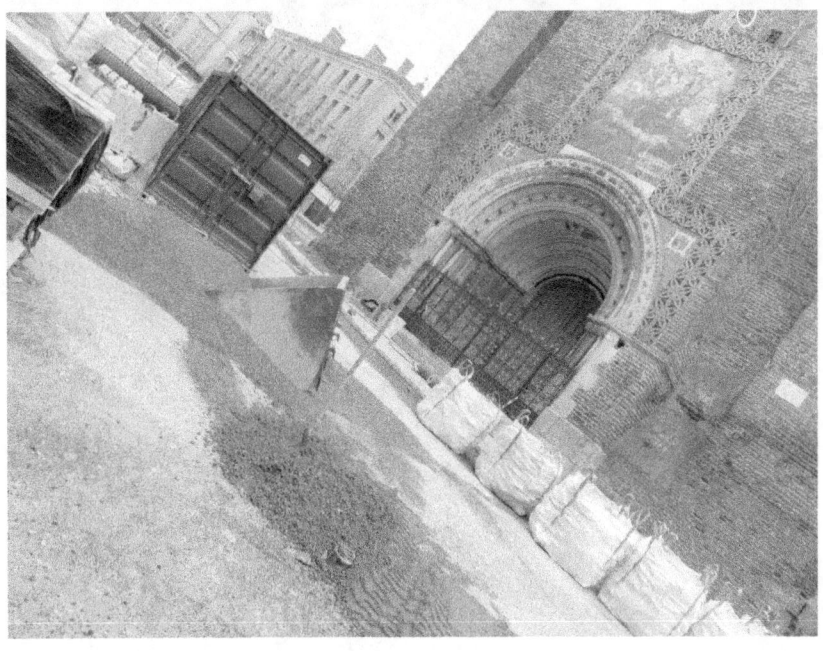

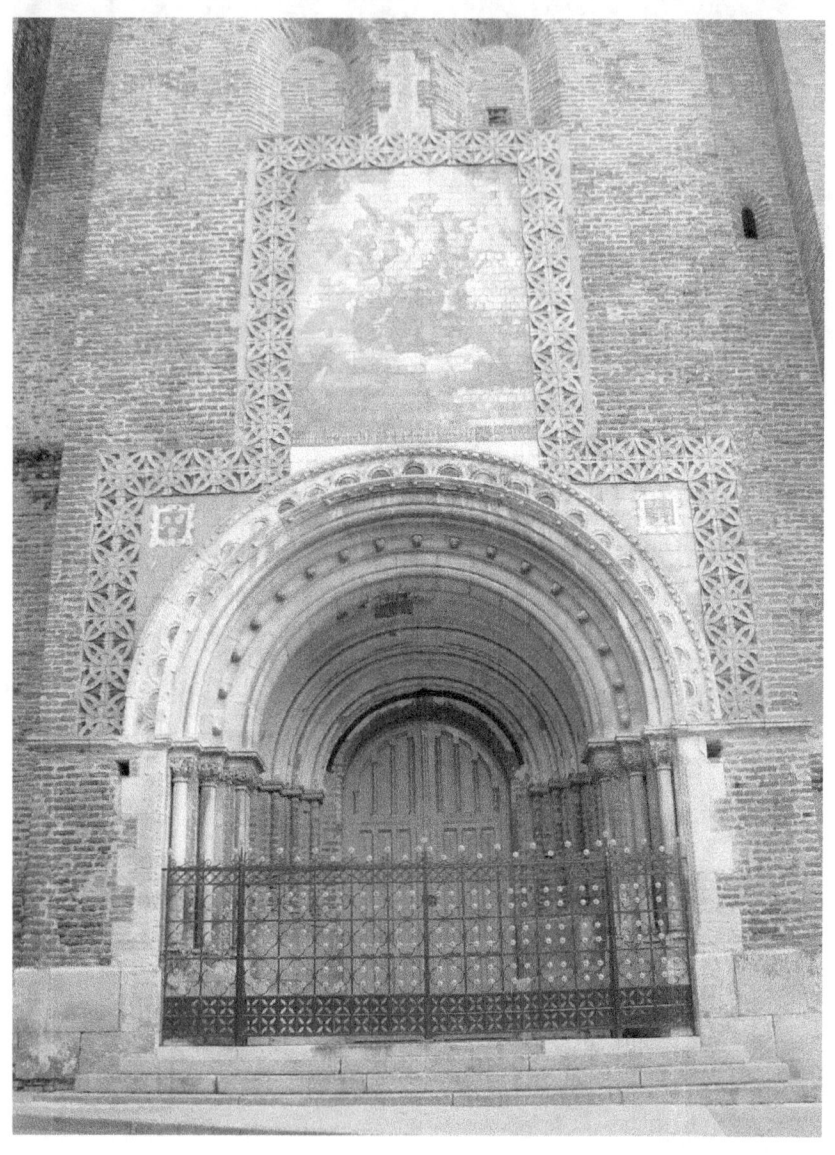

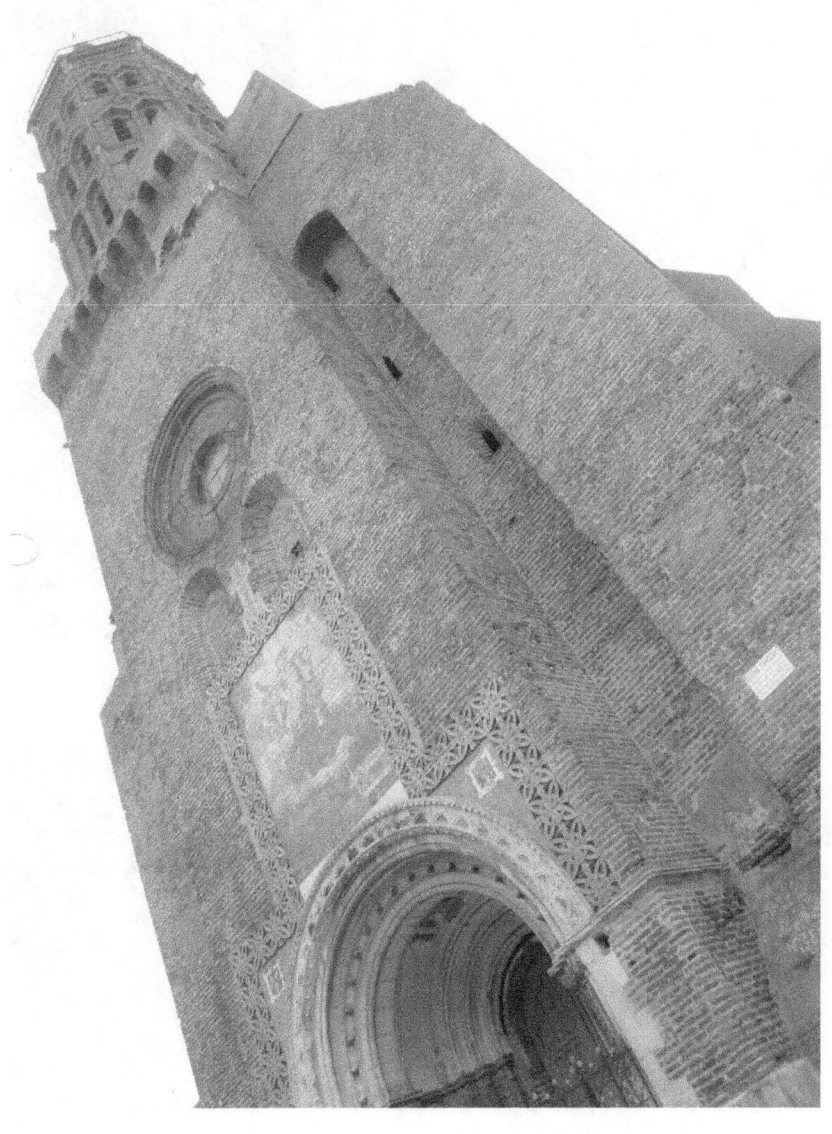

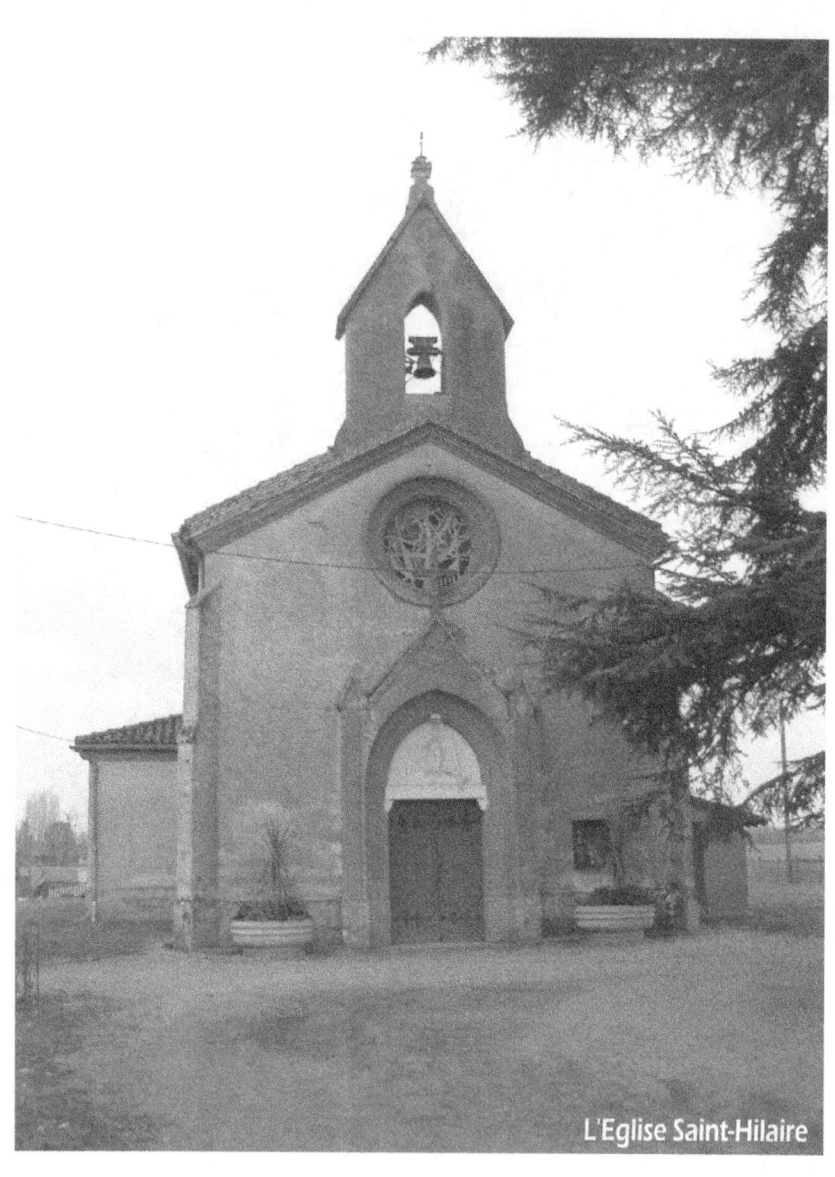
L'Eglise Saint-Hilaire

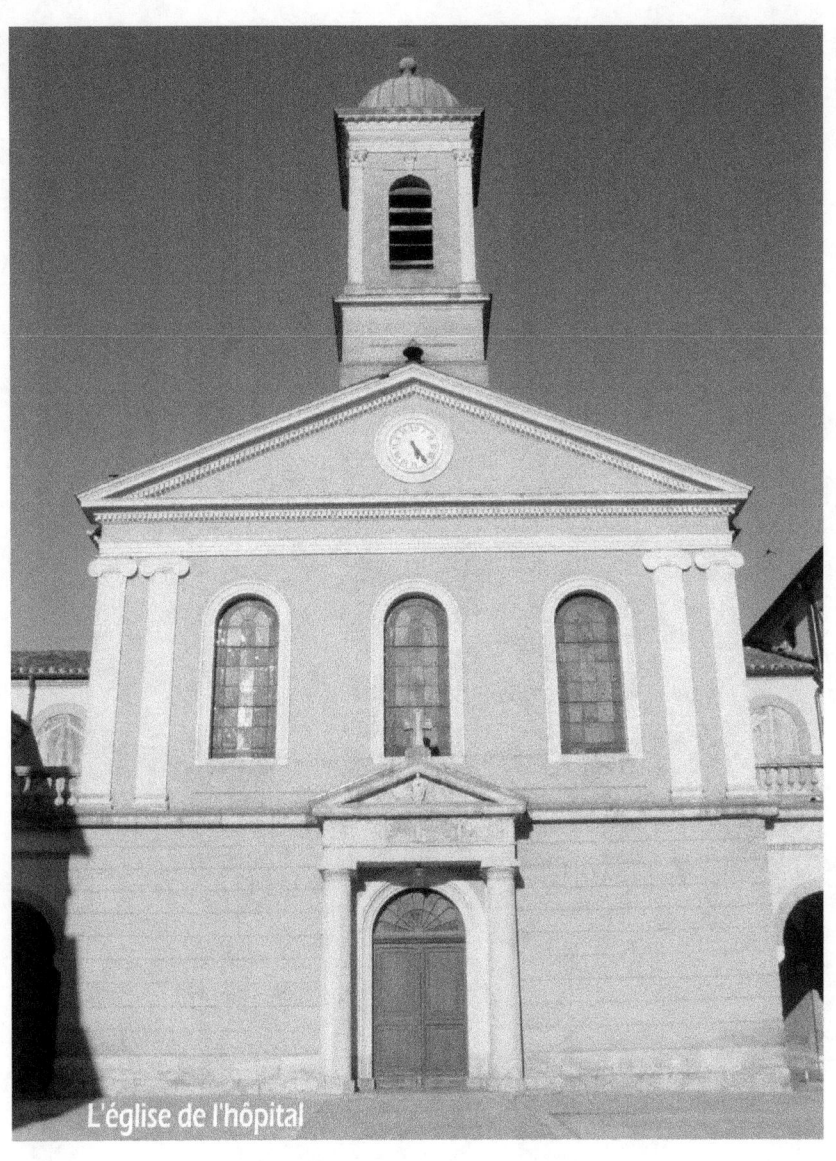
L'église de l'hôpital

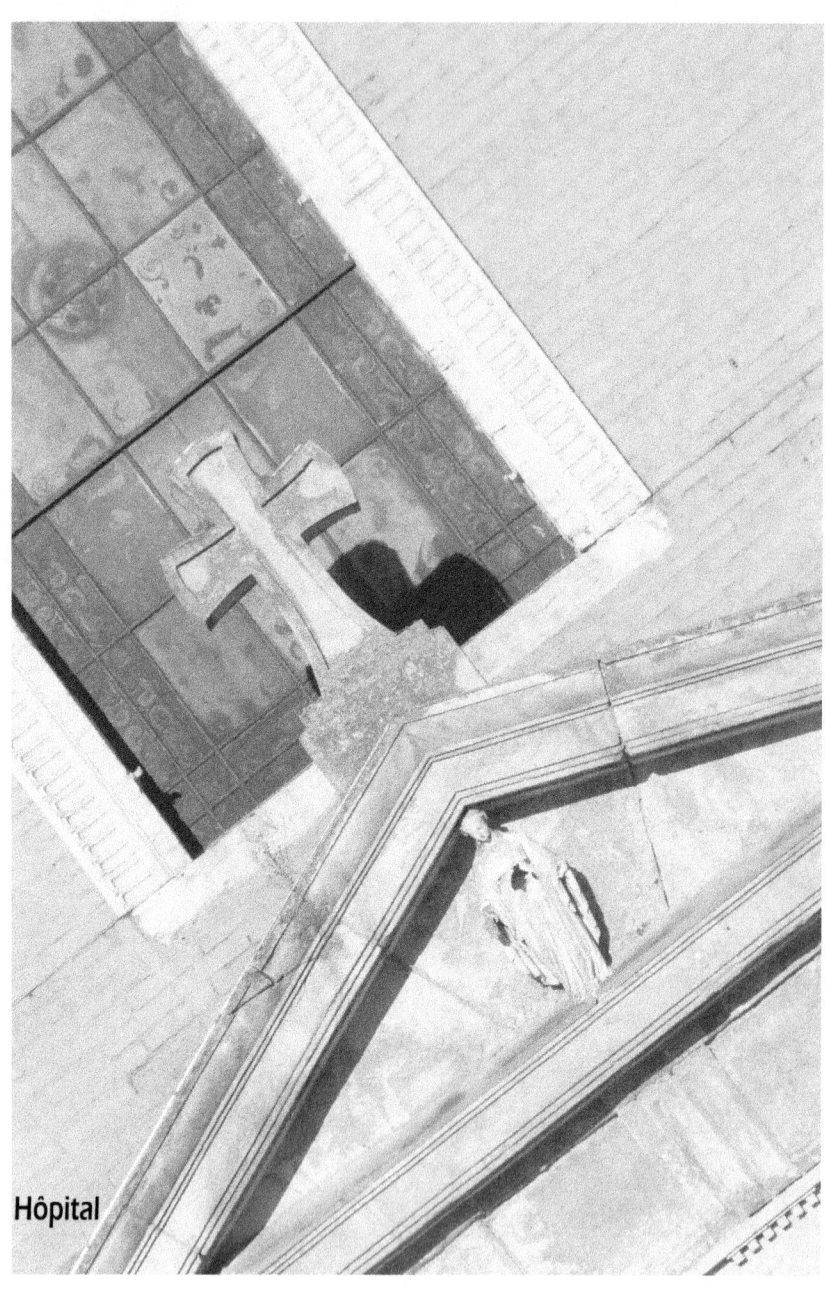
Hôpital

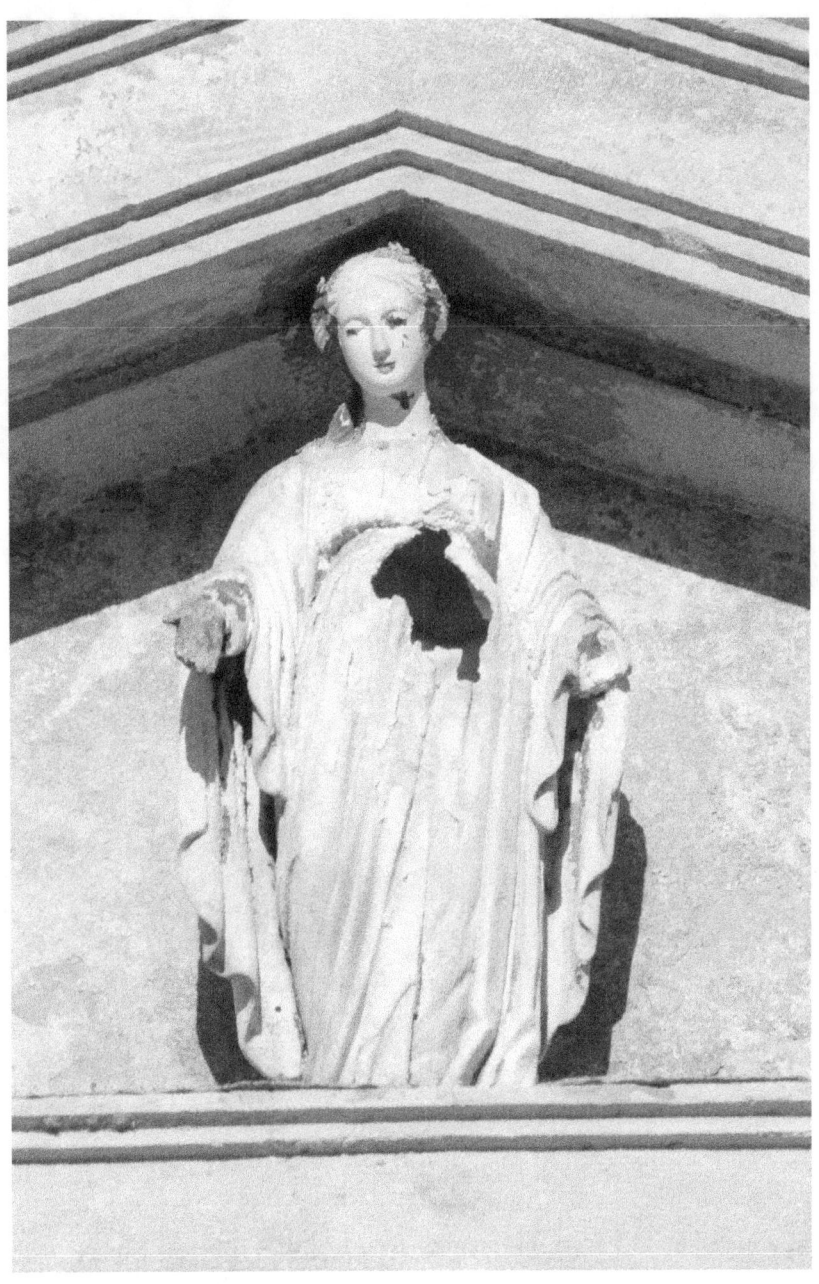

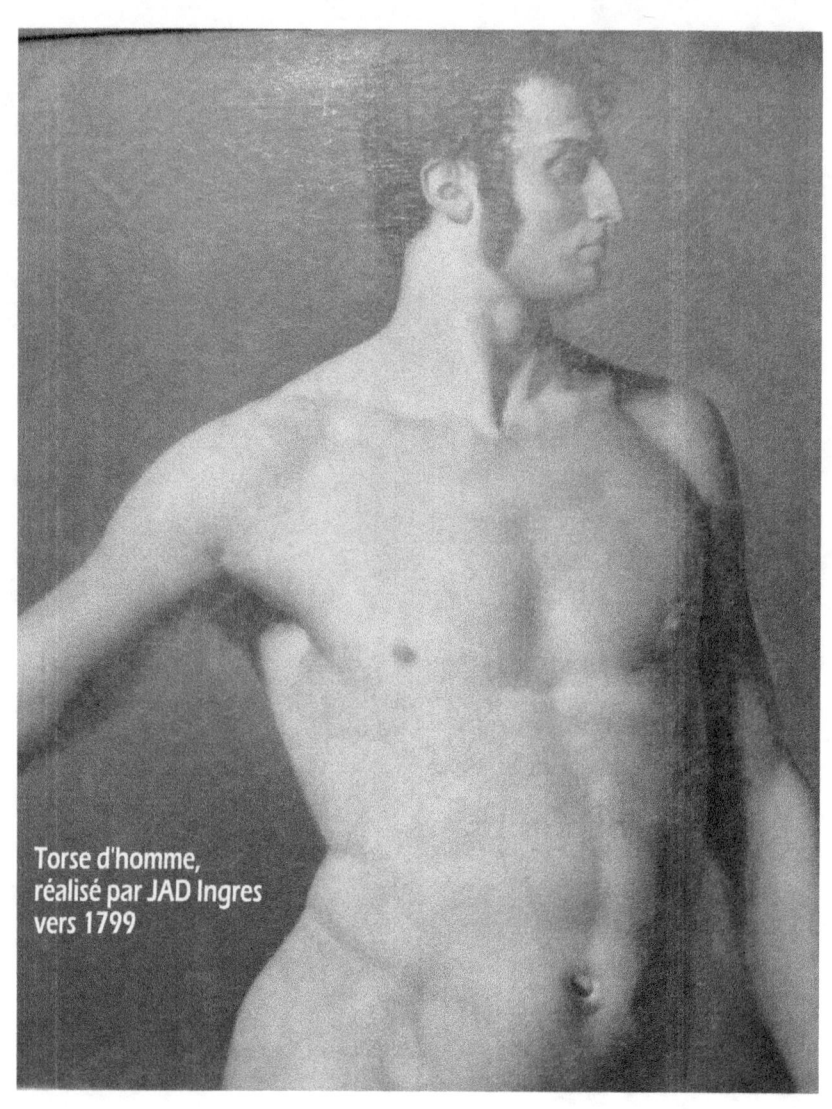

Torse d'homme, réalisé par JAD Ingres vers 1799

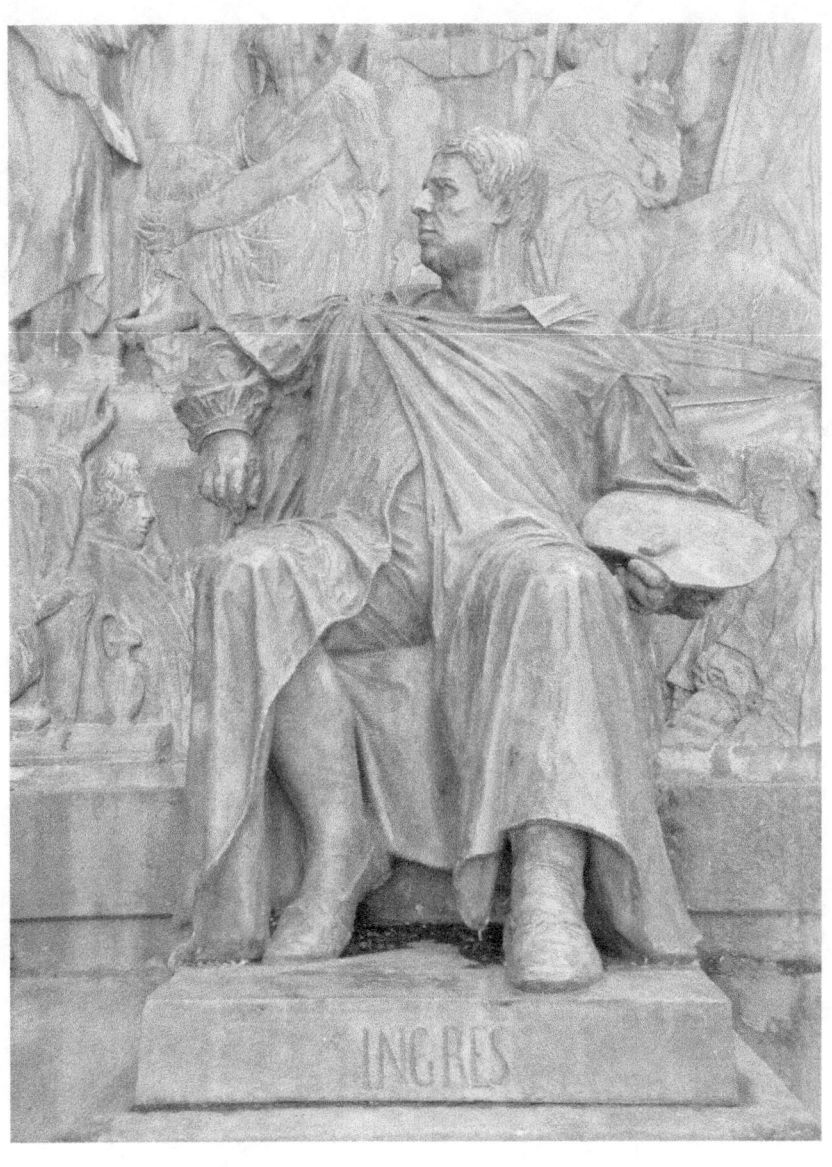

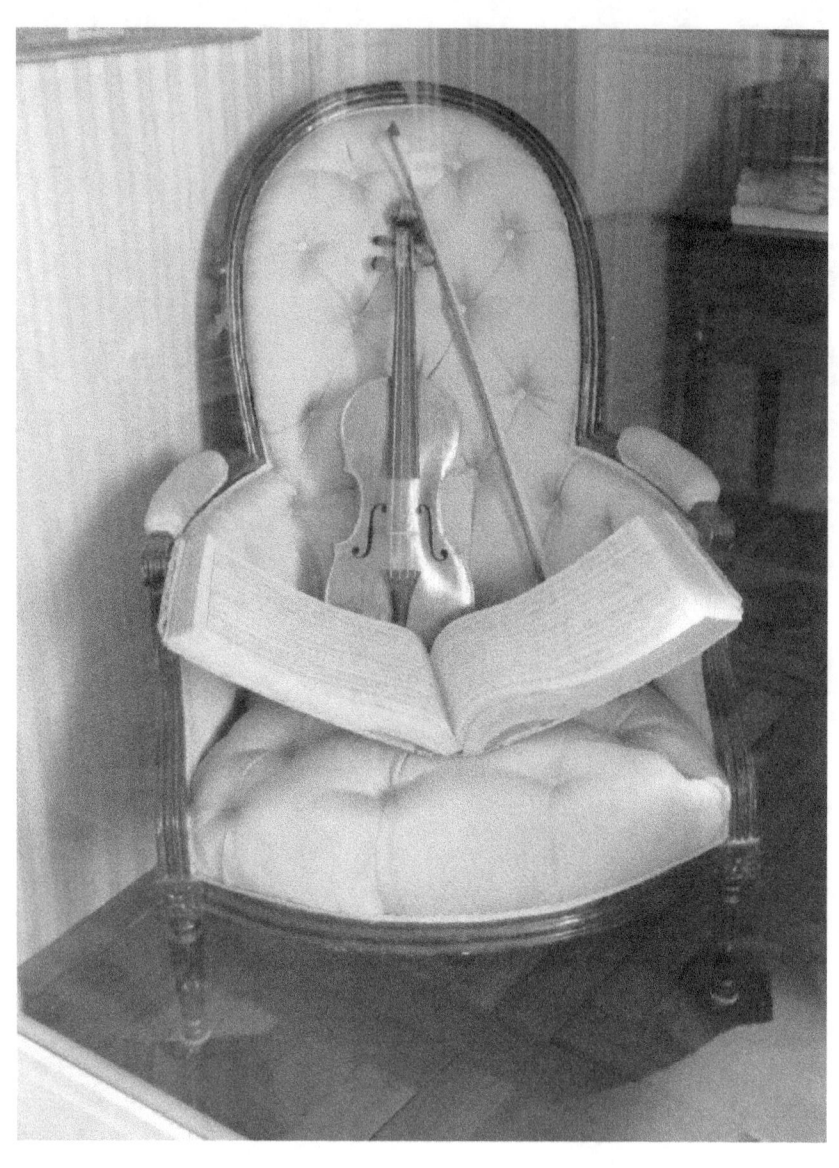

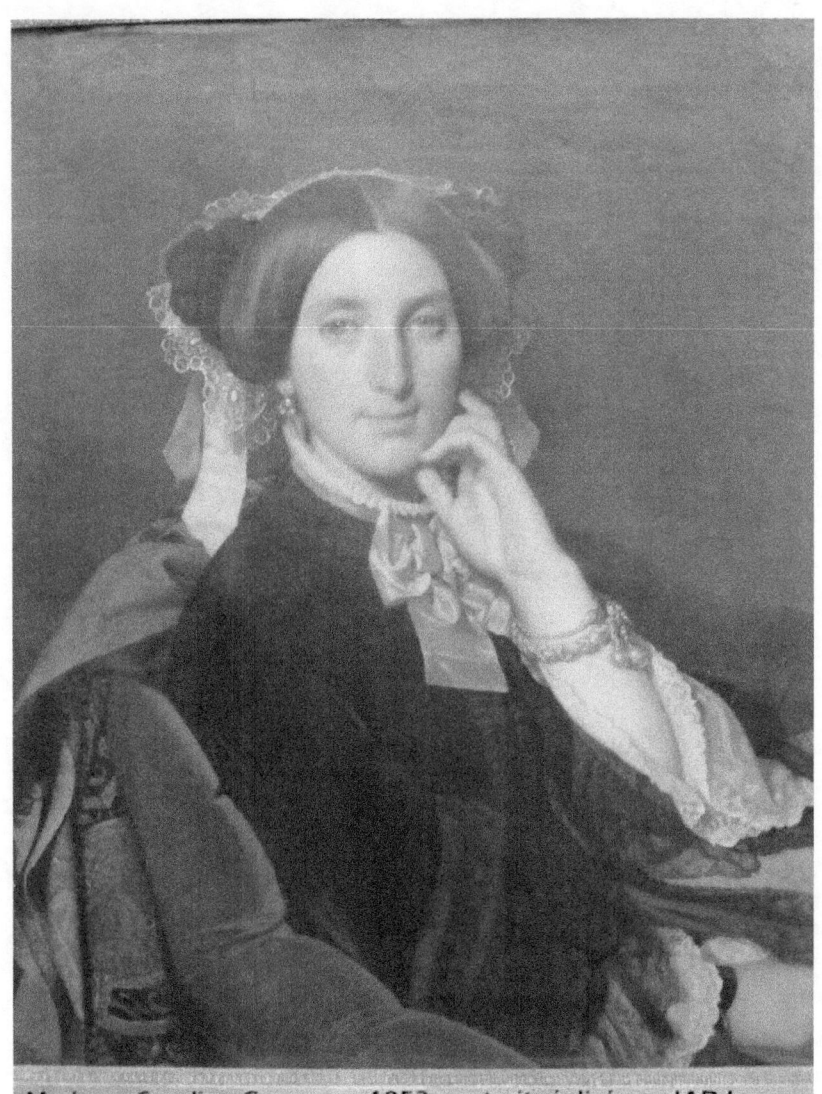

Madame Caroline Gonse, en 1852, portrait réalisé par JAD Ingres

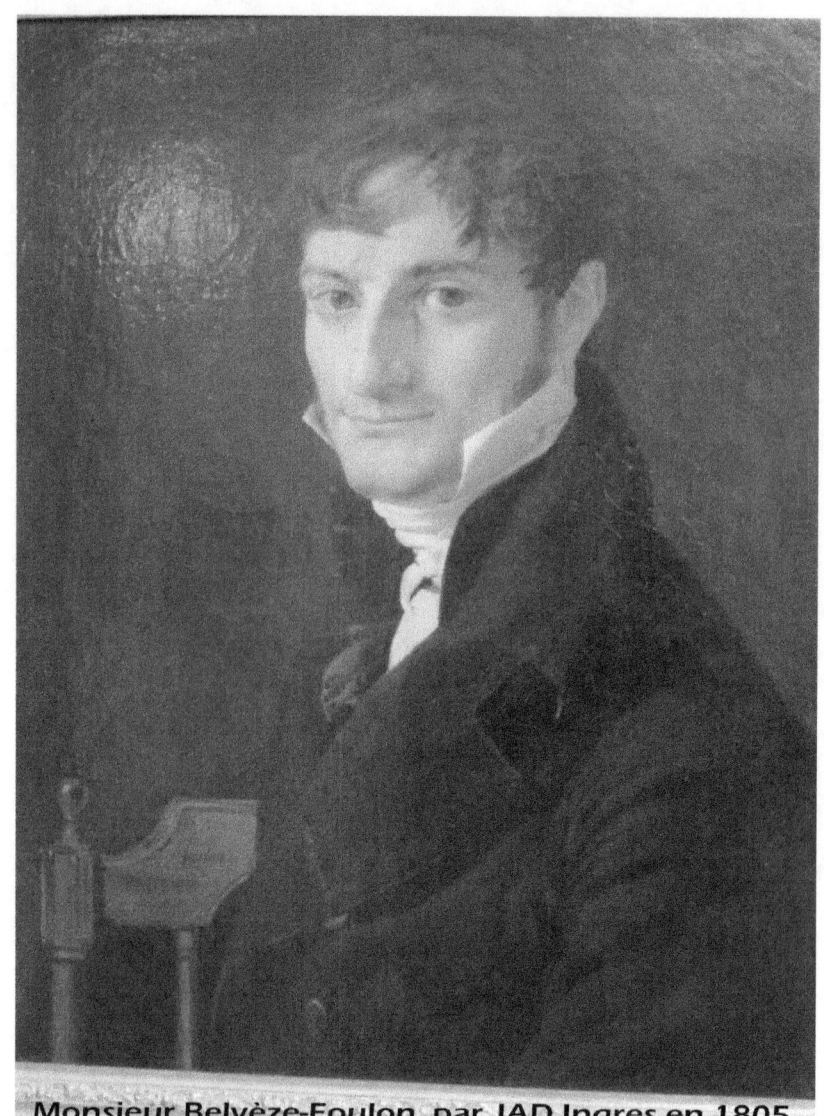
Monsieur Belvèze-Foulon, par JAD Ingres en 1805

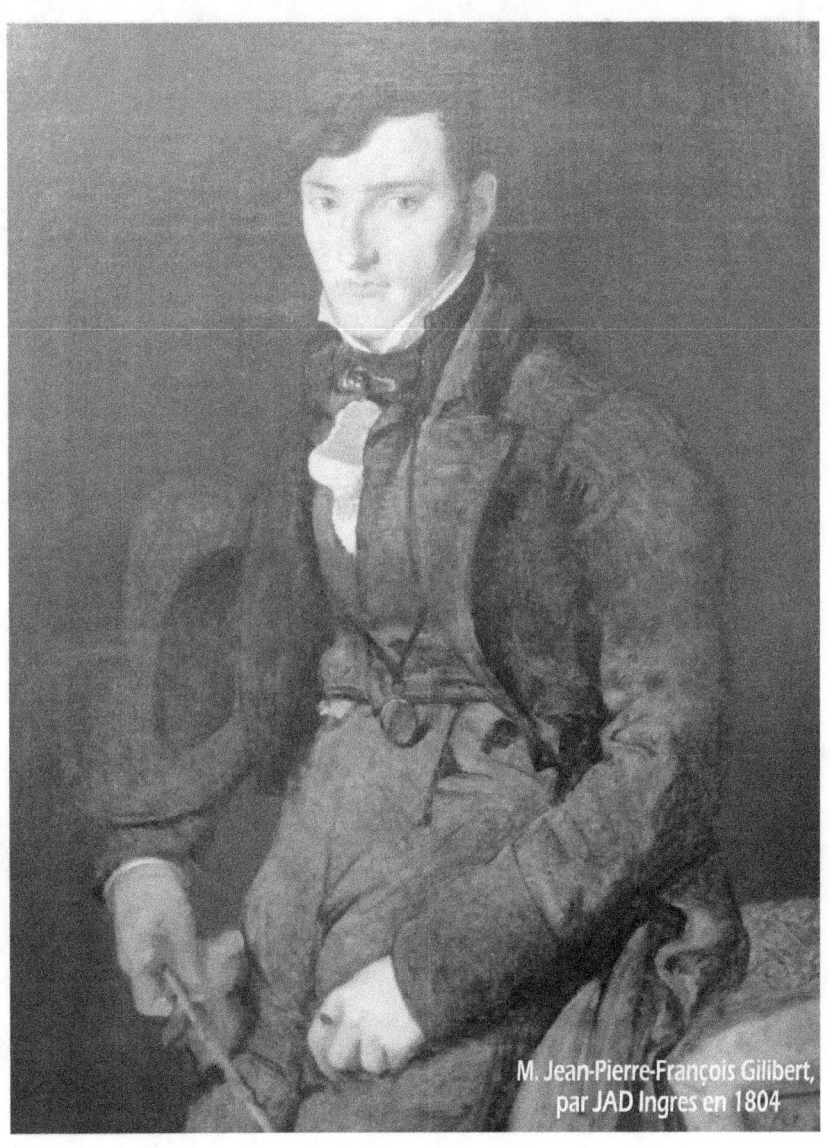

M. Jean-Pierre-François Gilibert, par JAD Ingres en 1804

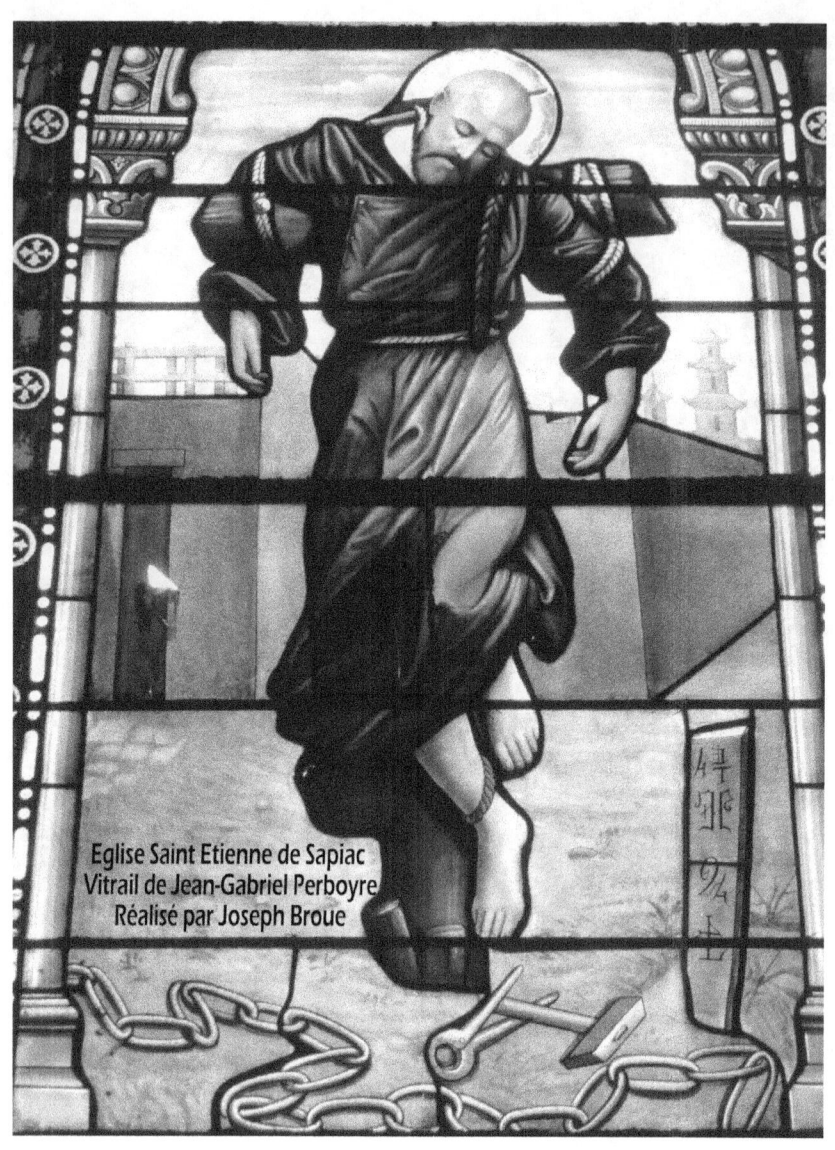

Eglise Saint Etienne de Sapiac
Vitrail de Jean-Gabriel Perboyre
Réalisé par Joseph Broue

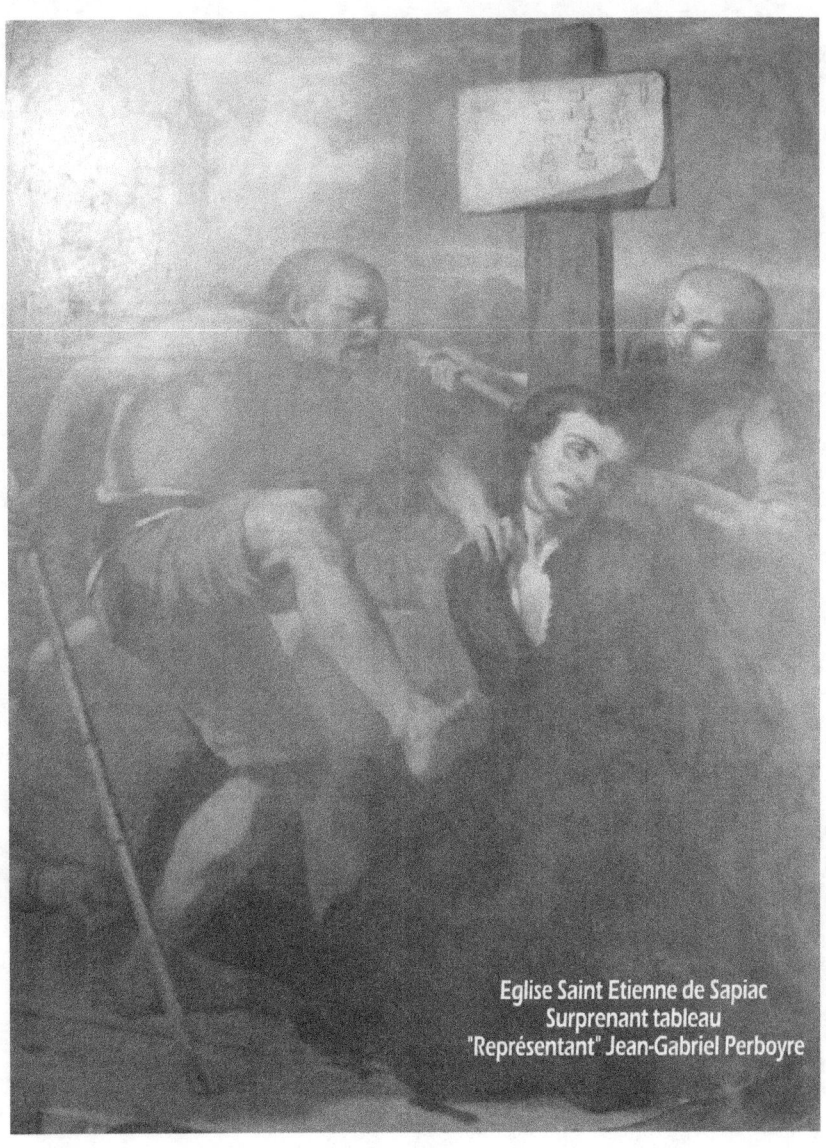

Eglise Saint Etienne de Sapiac
Surprenant tableau
"Représentant" Jean-Gabriel Perboyre

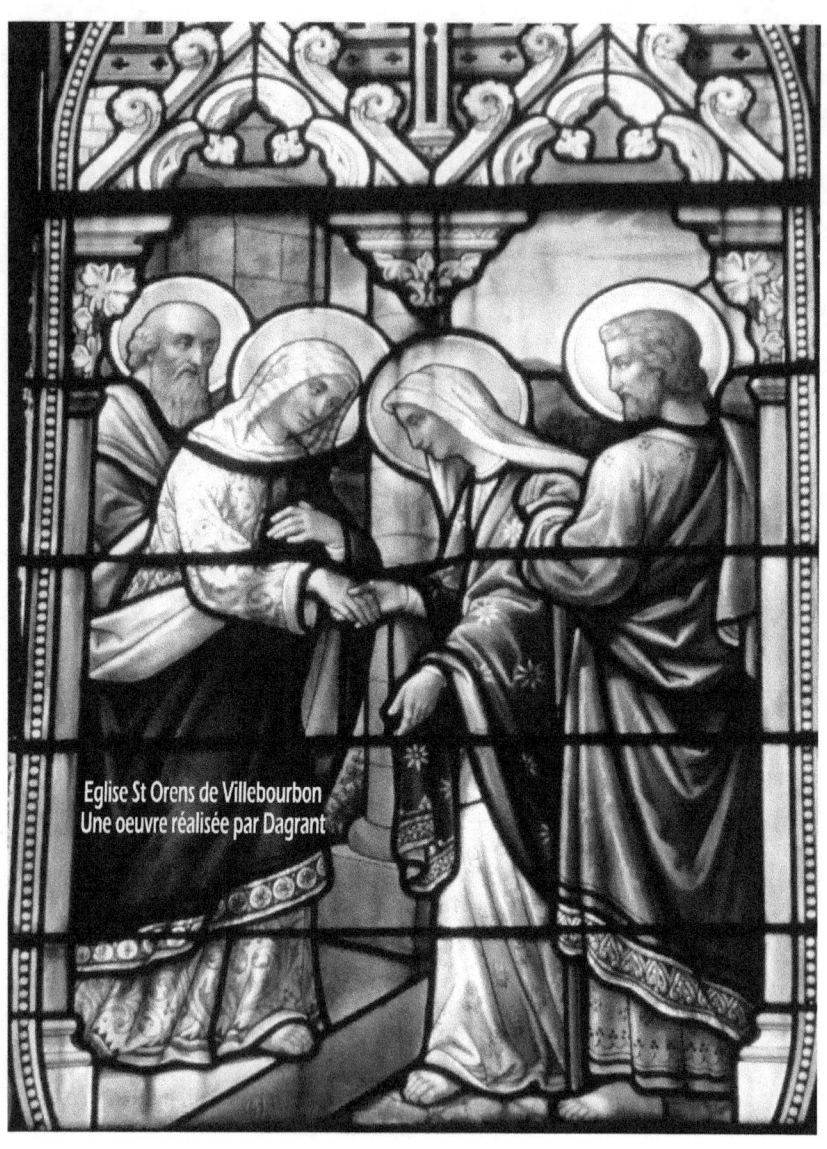

Eglise St Orens de Villebourbon
Une oeuvre réalisée par Dagrant

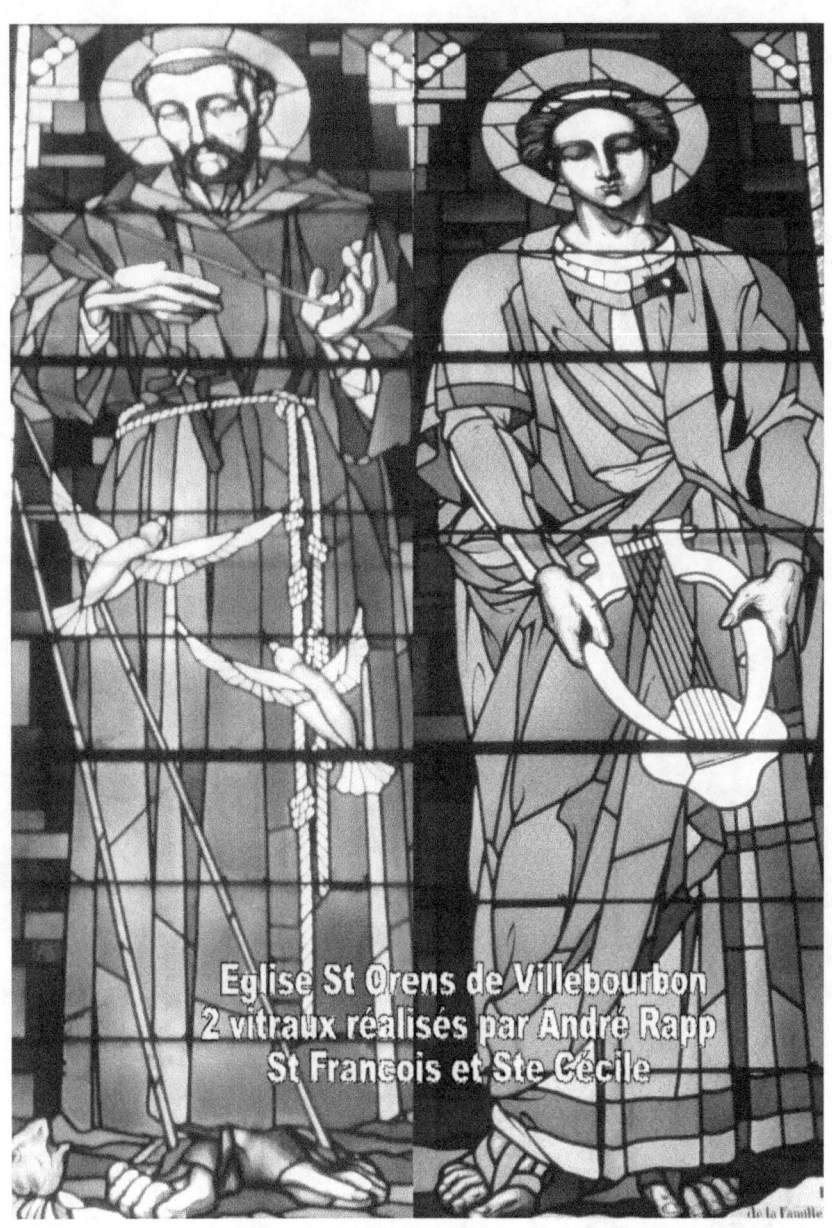

Eglise St Orens de Villebourbon
2 vitraux réalisés par André Rapp
St François et Ste Cécile

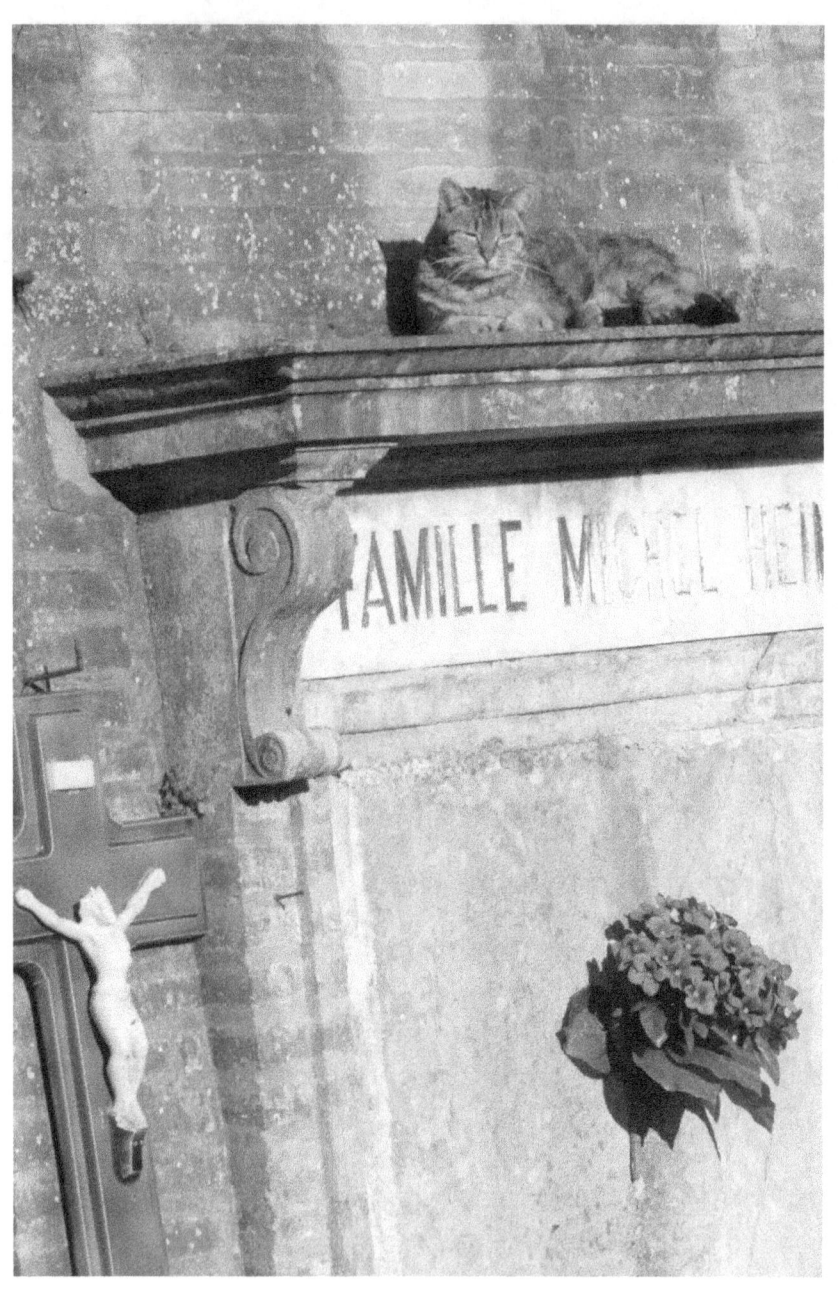

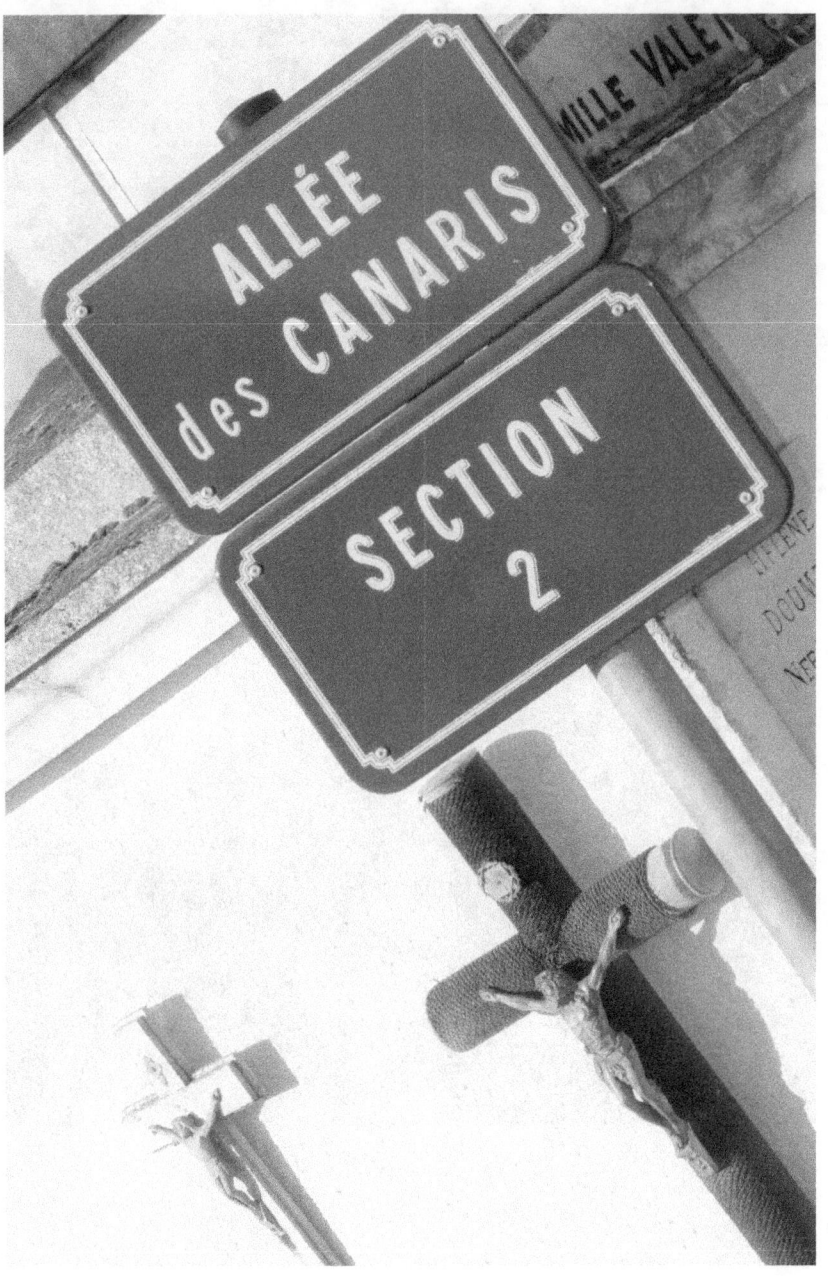

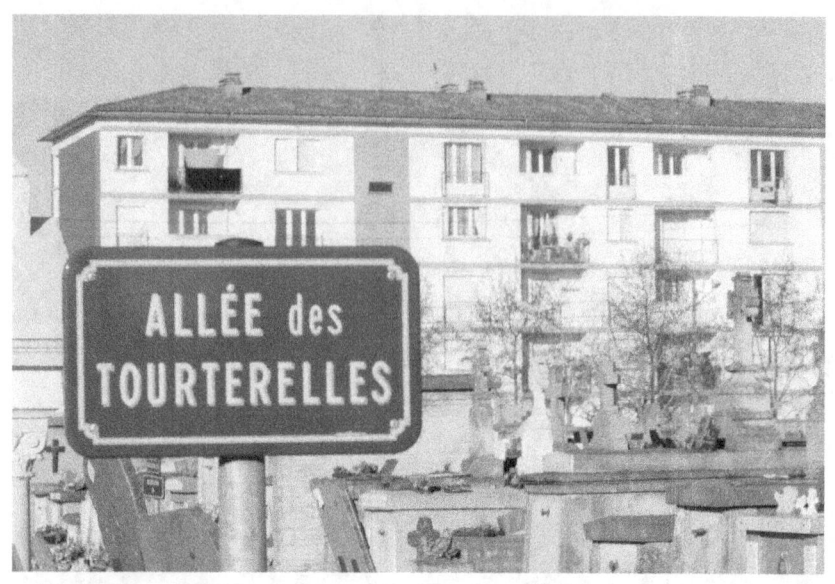

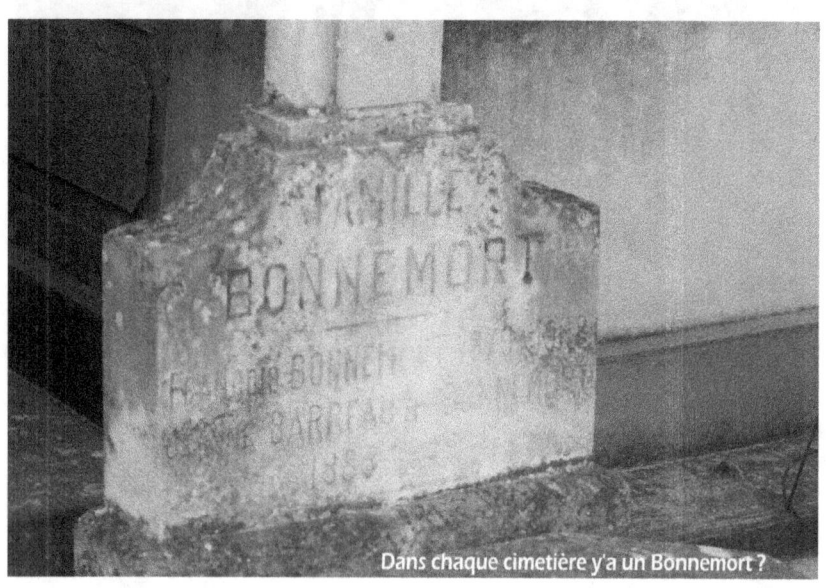

Dans chaque cimetière y'a un Bonnemort ?

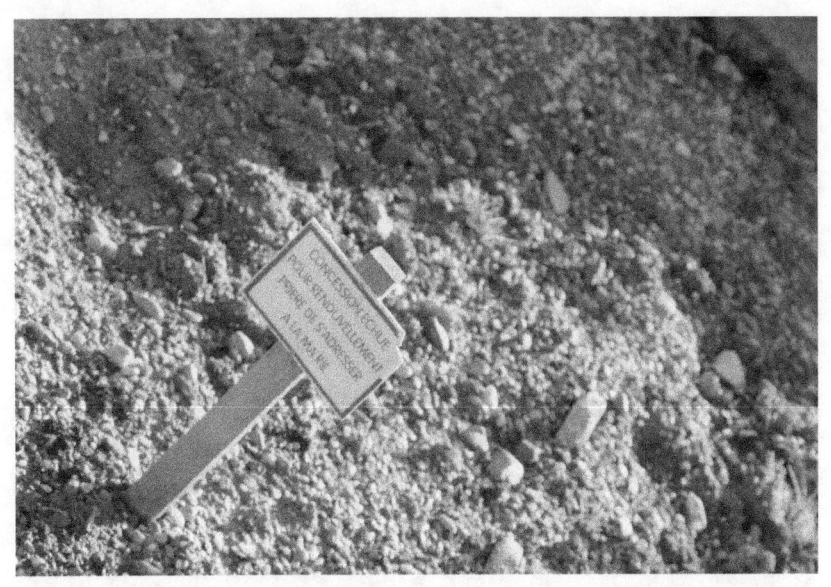

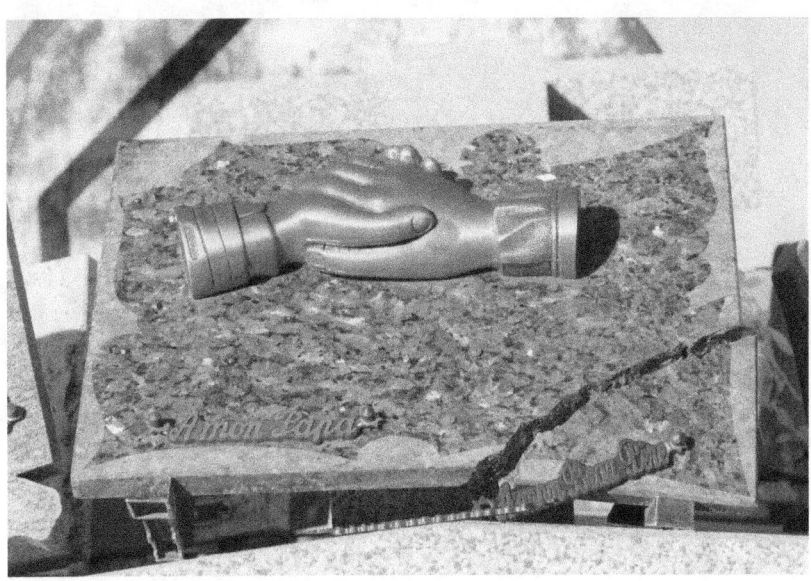

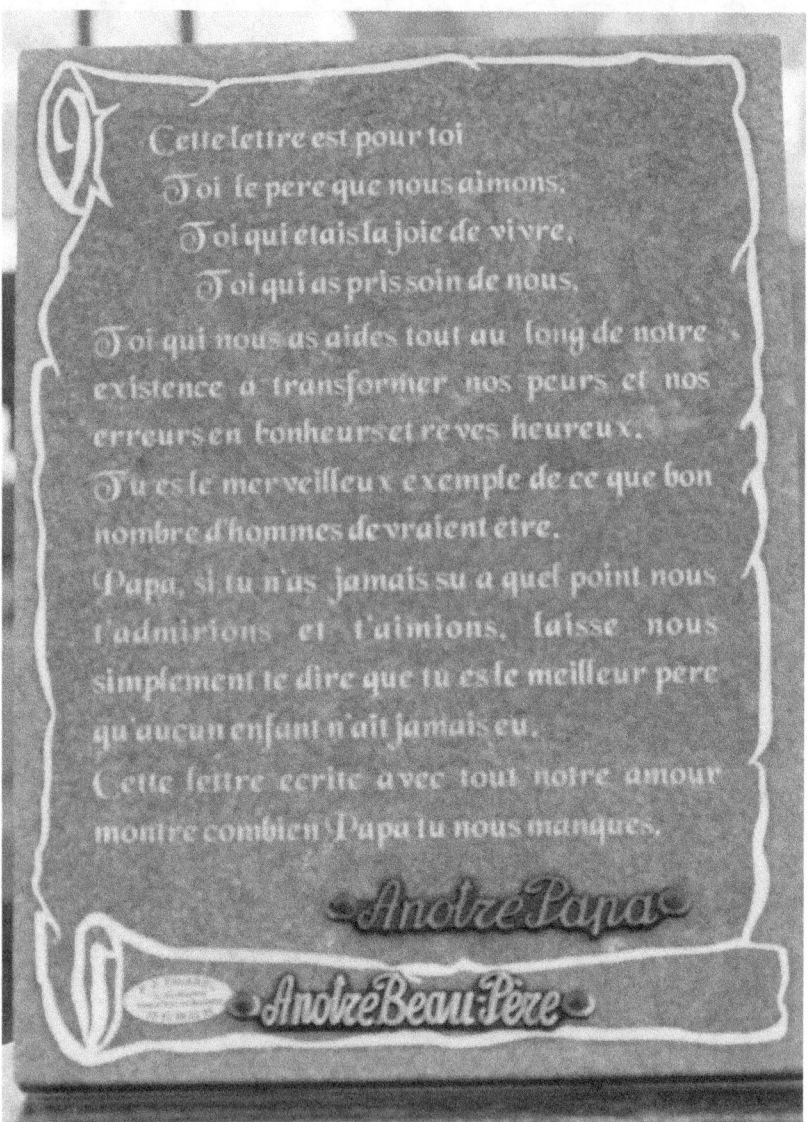

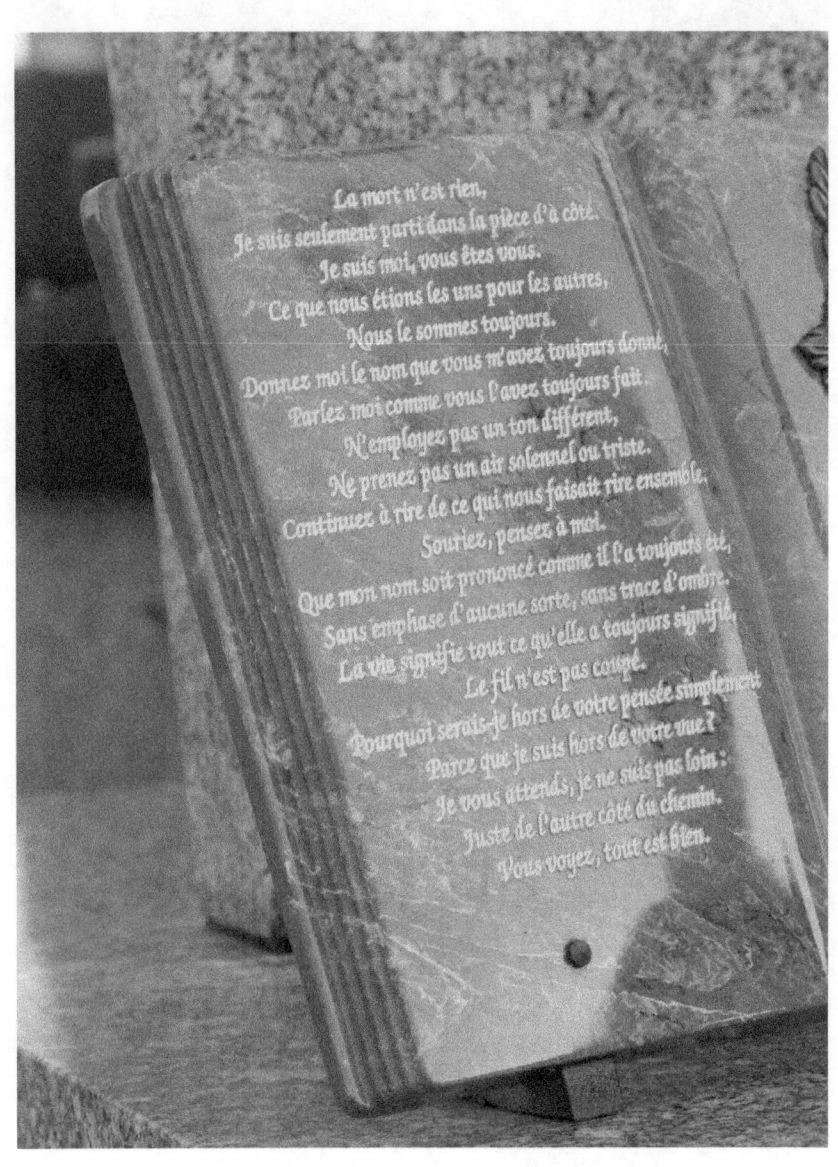

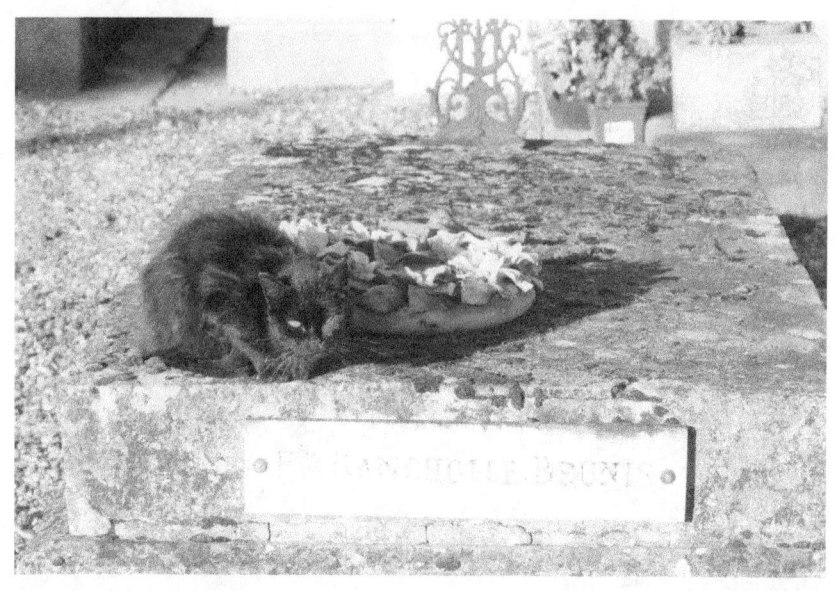

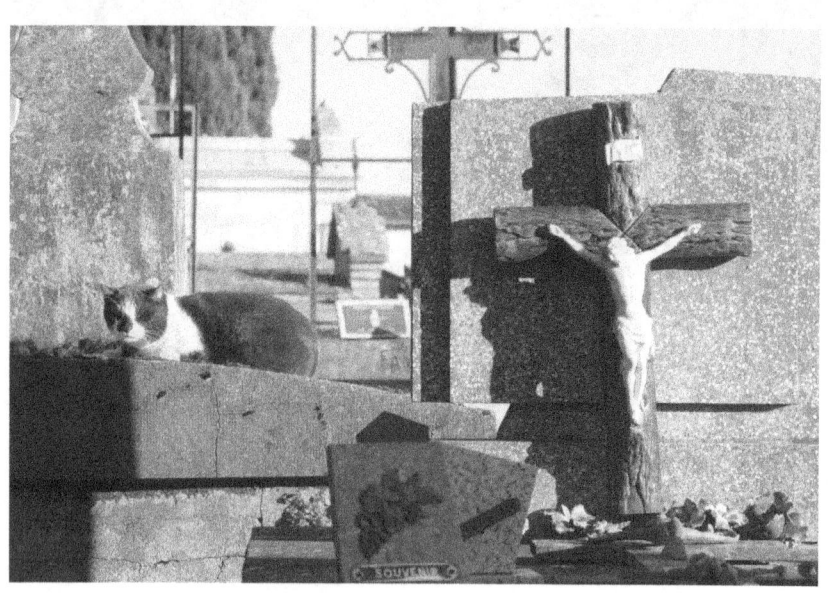

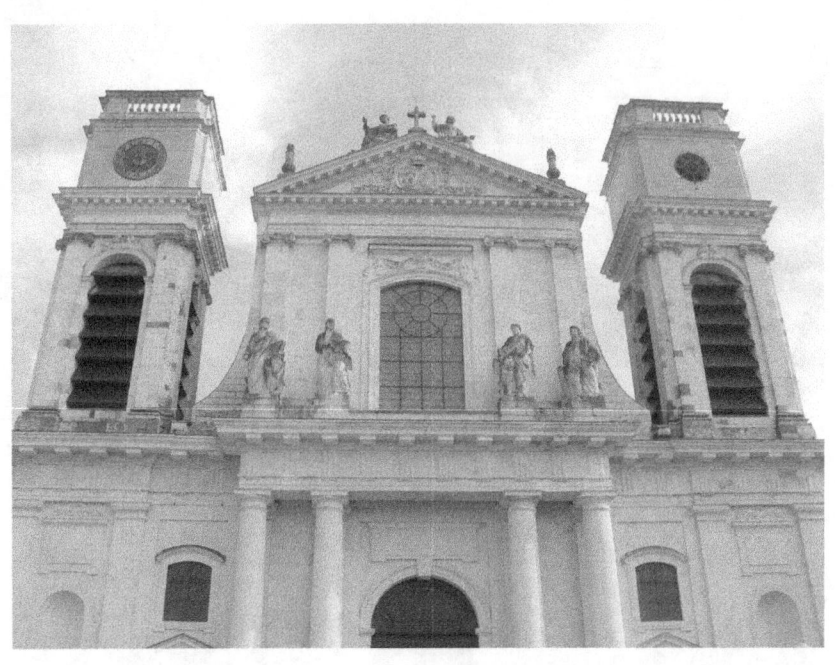
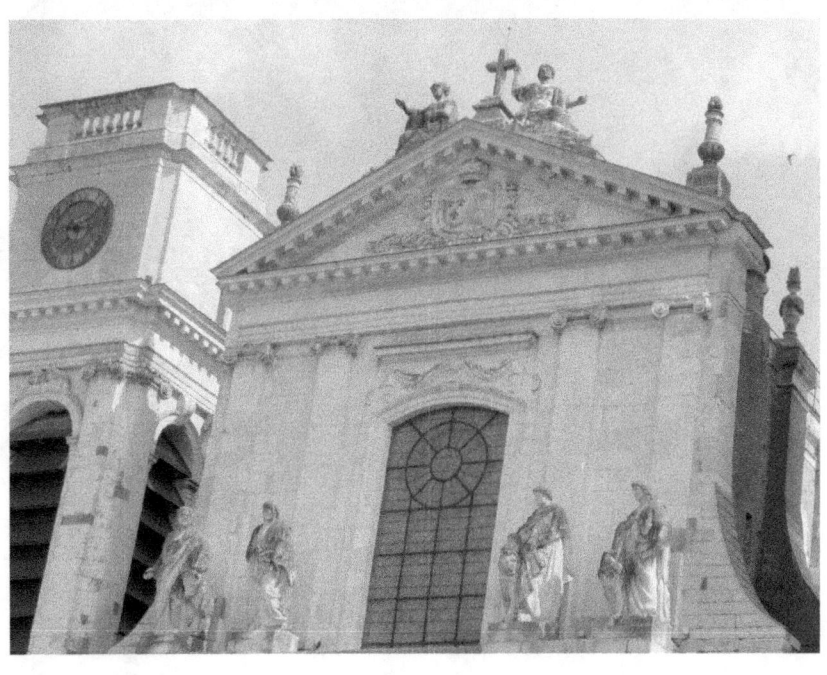

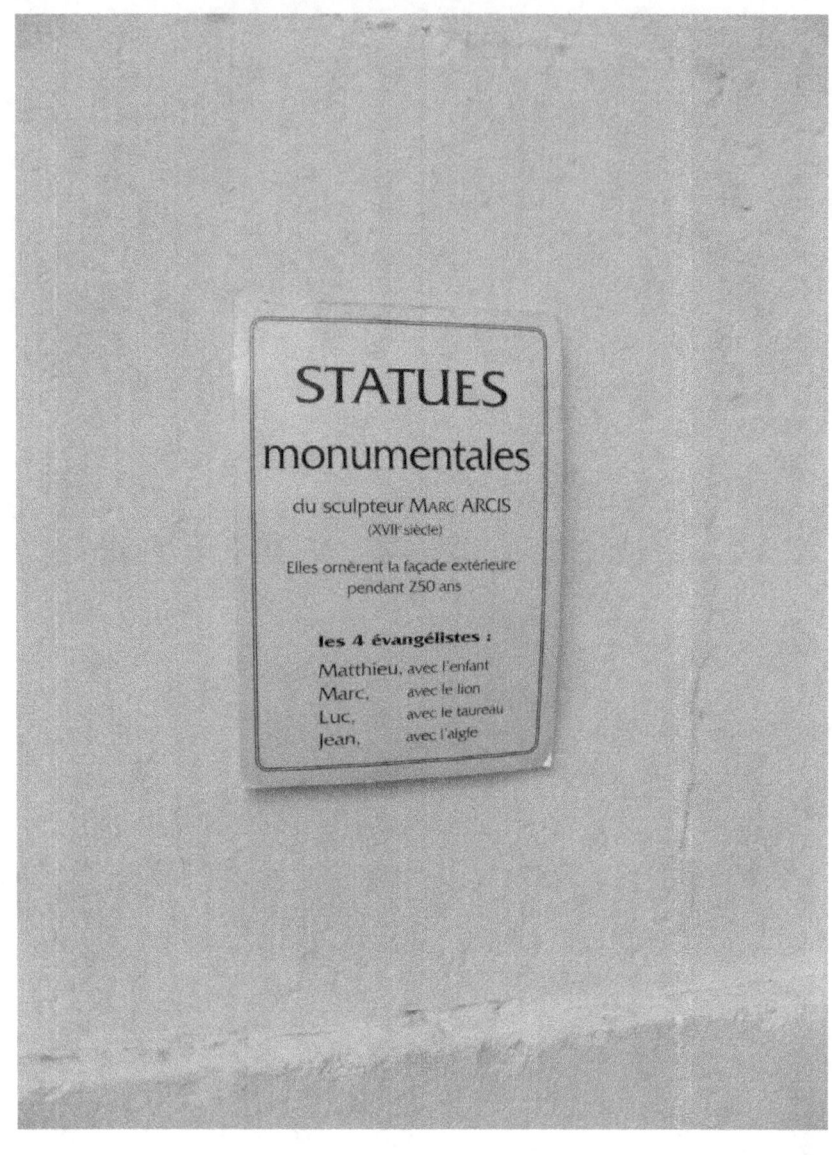

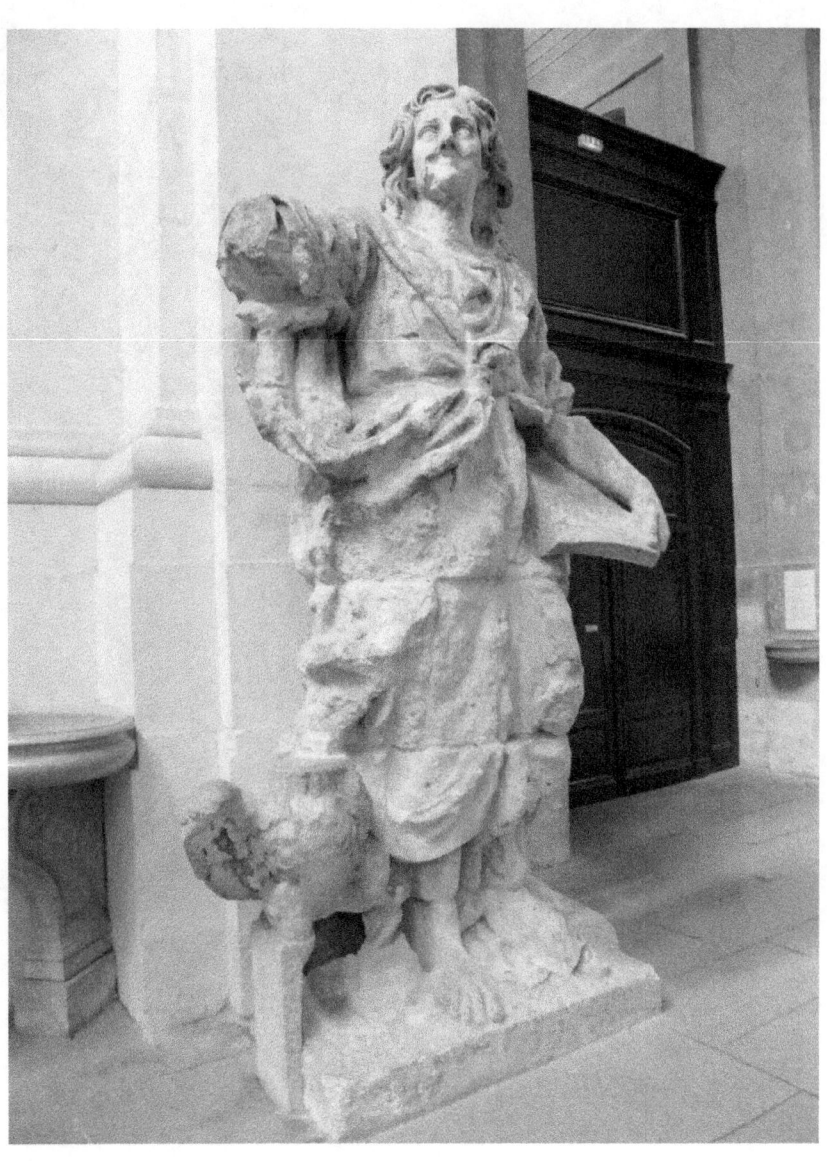

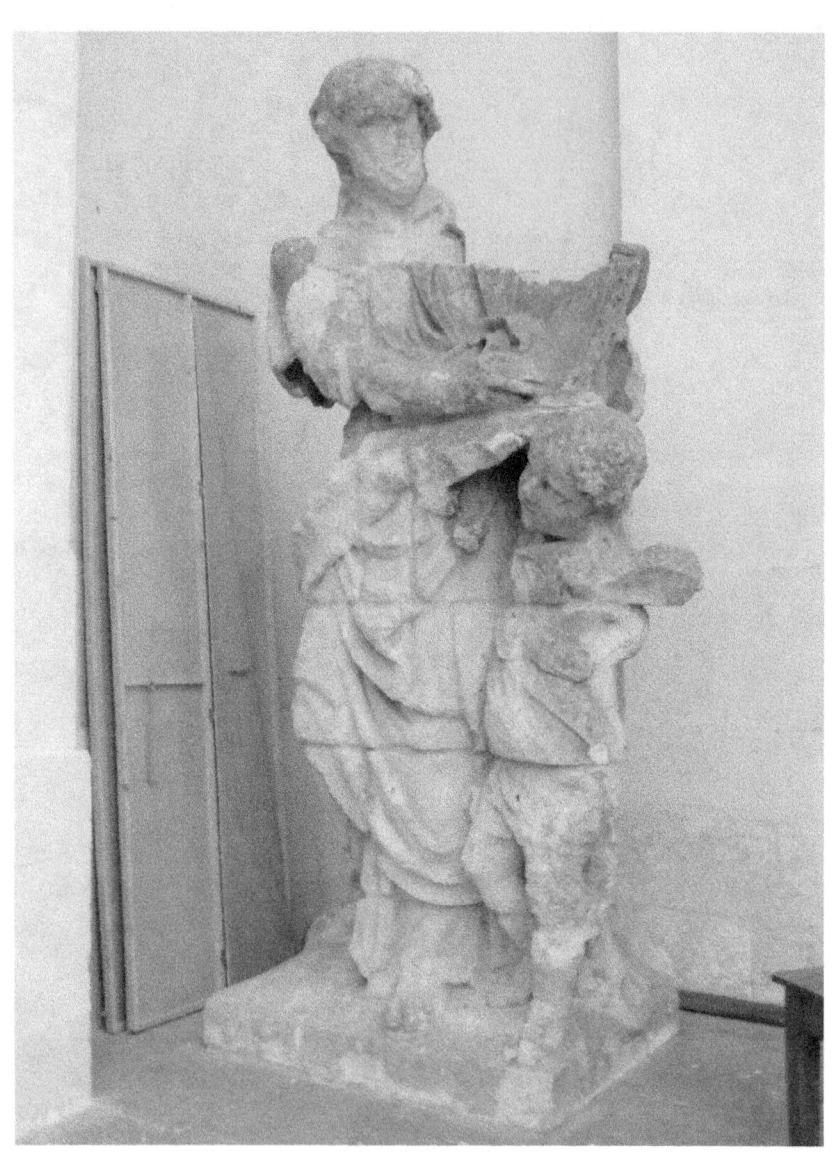

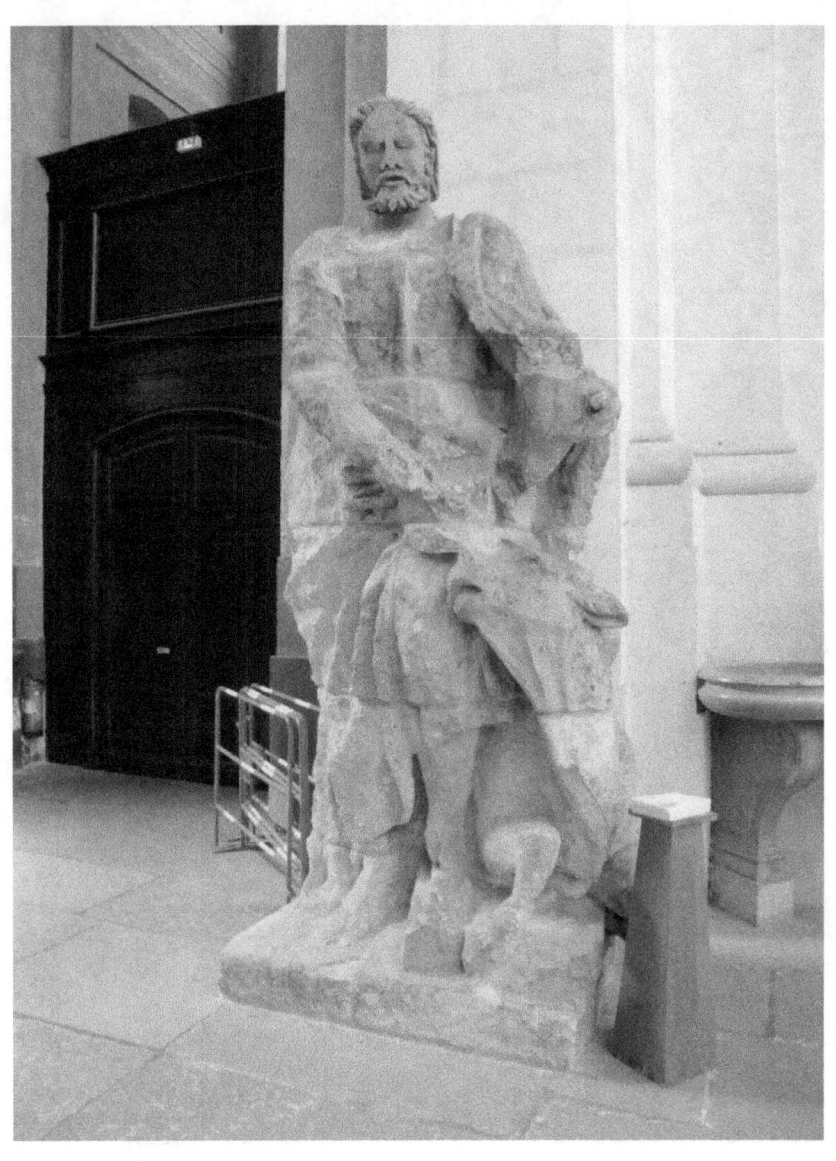

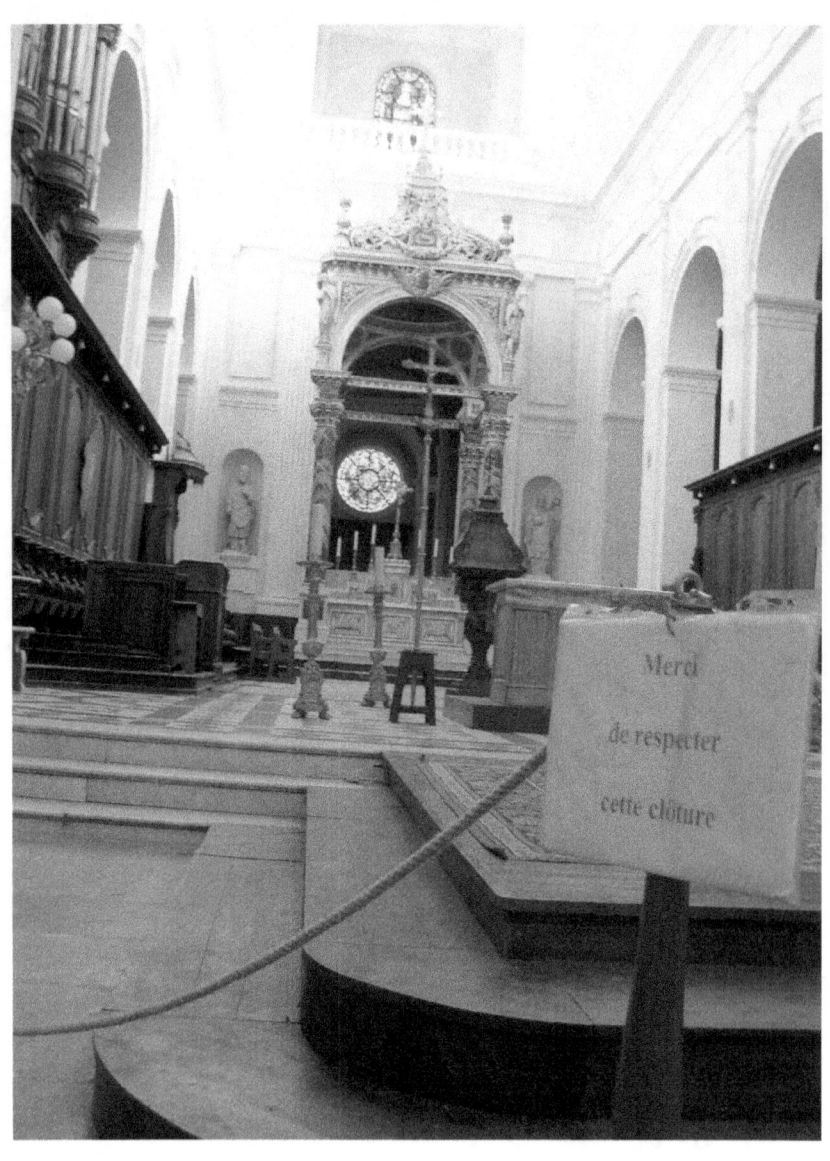

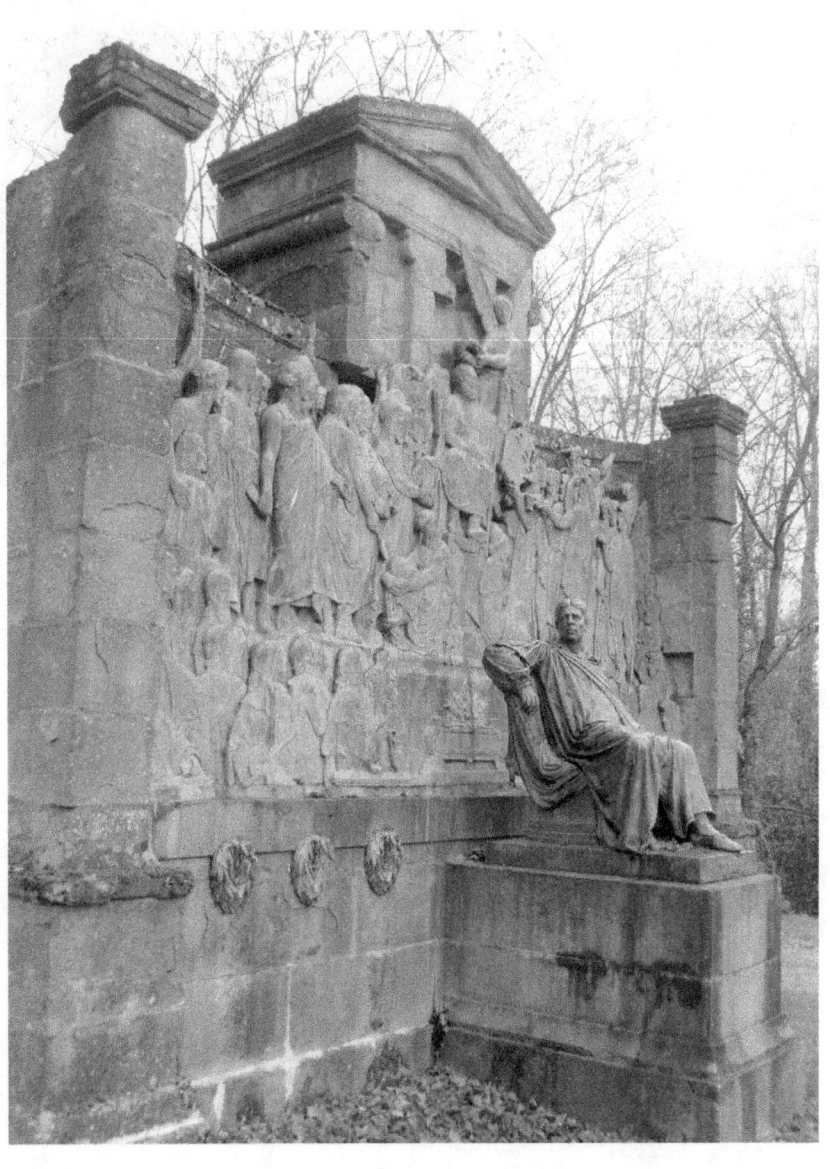

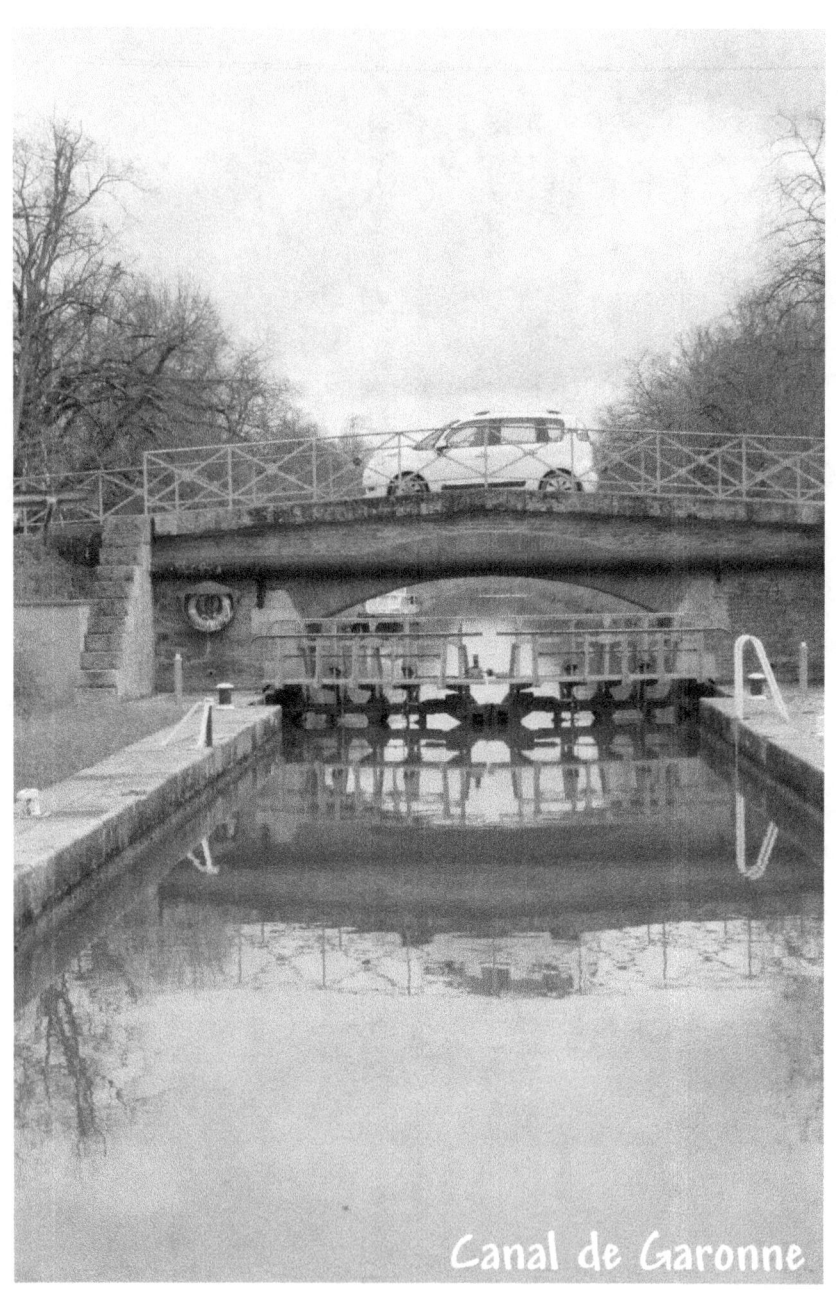

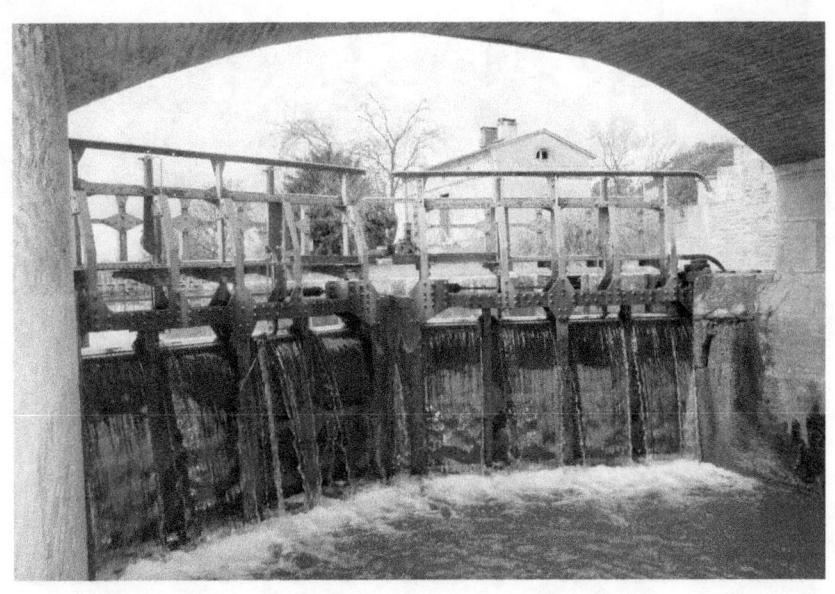

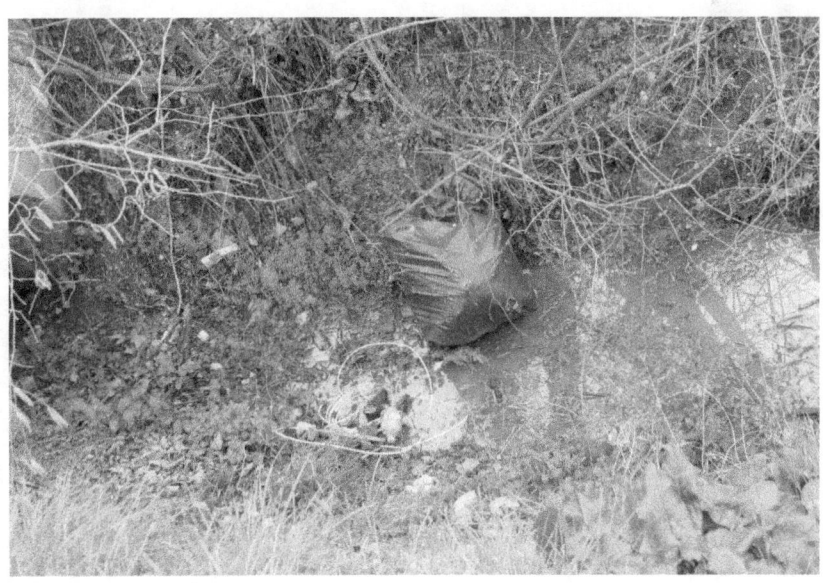

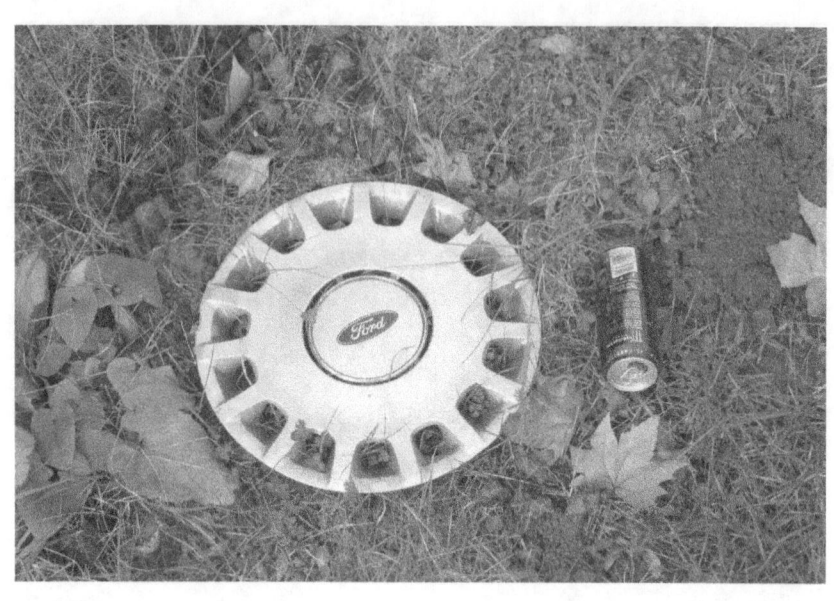

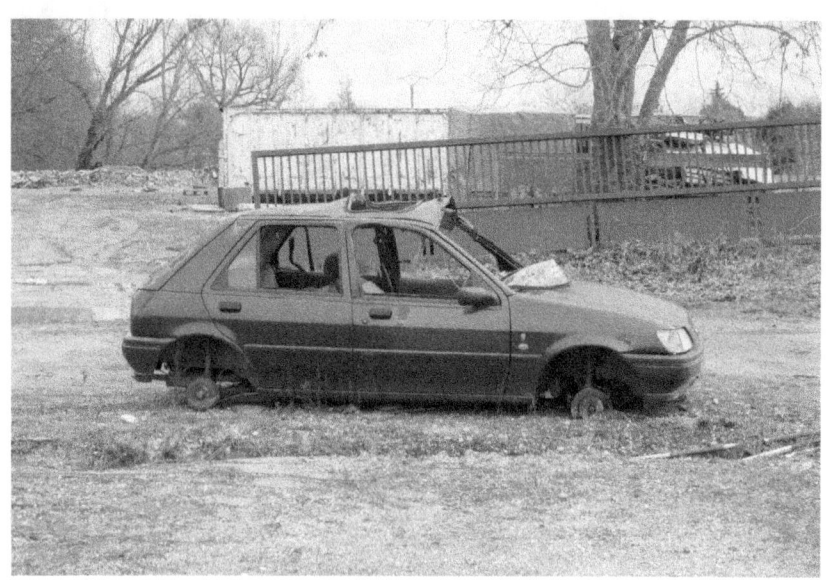

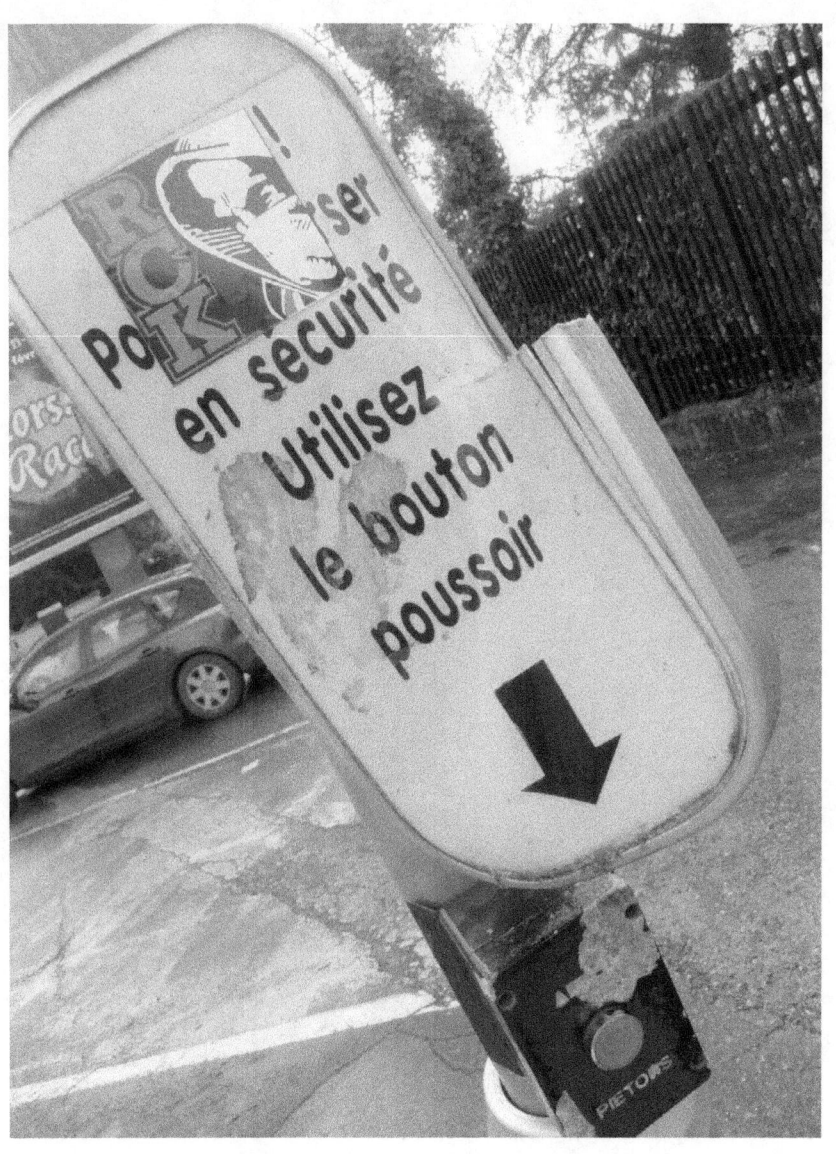

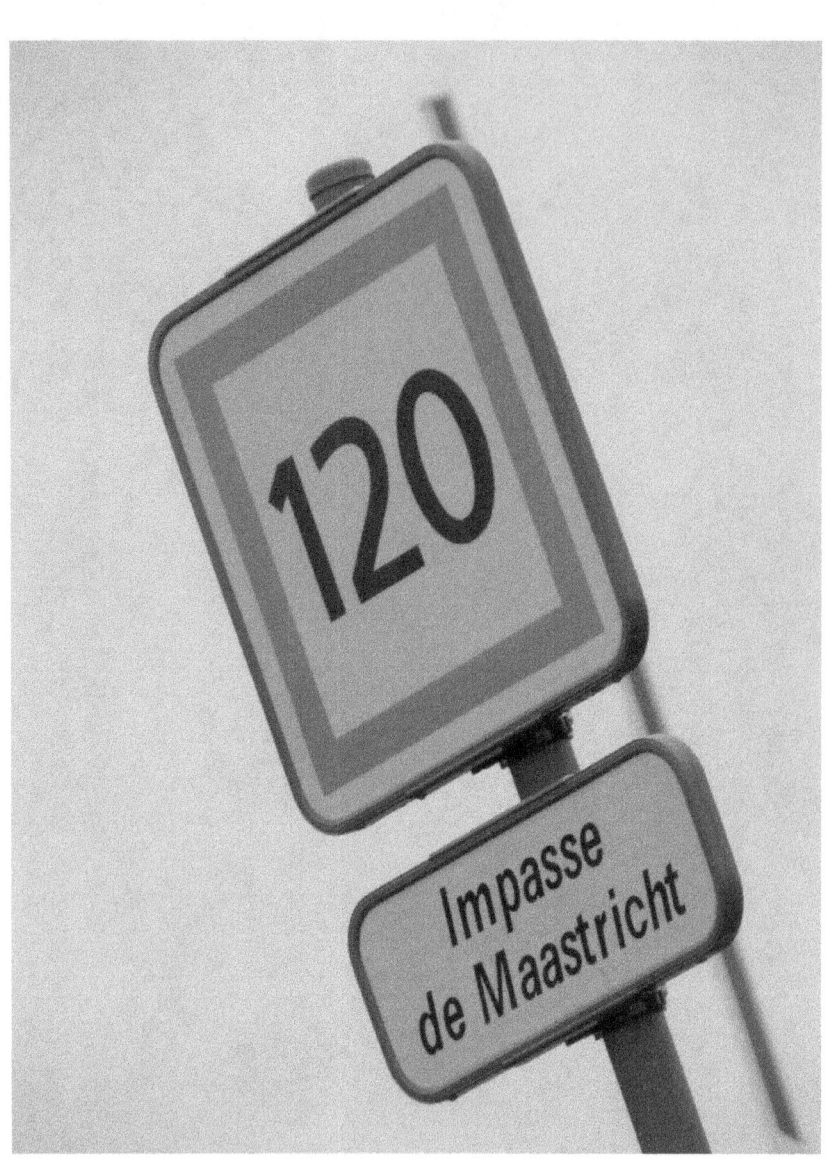

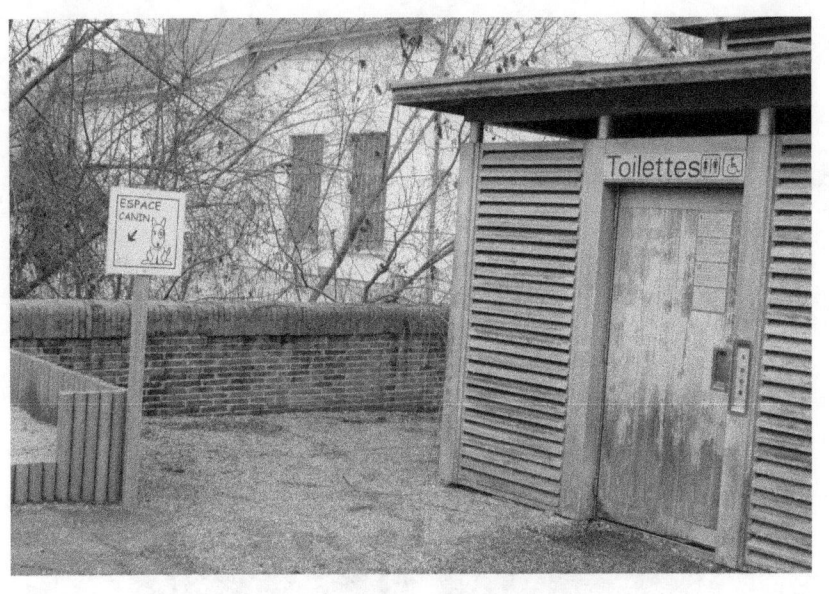

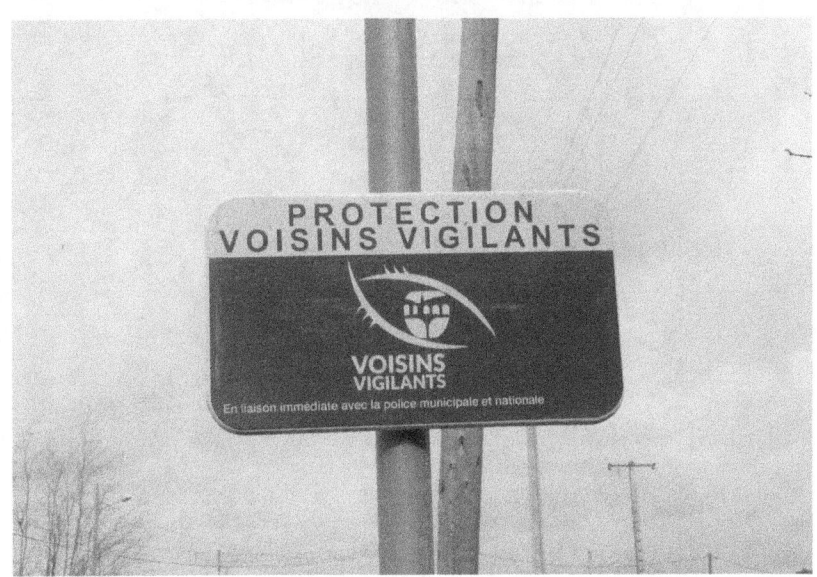

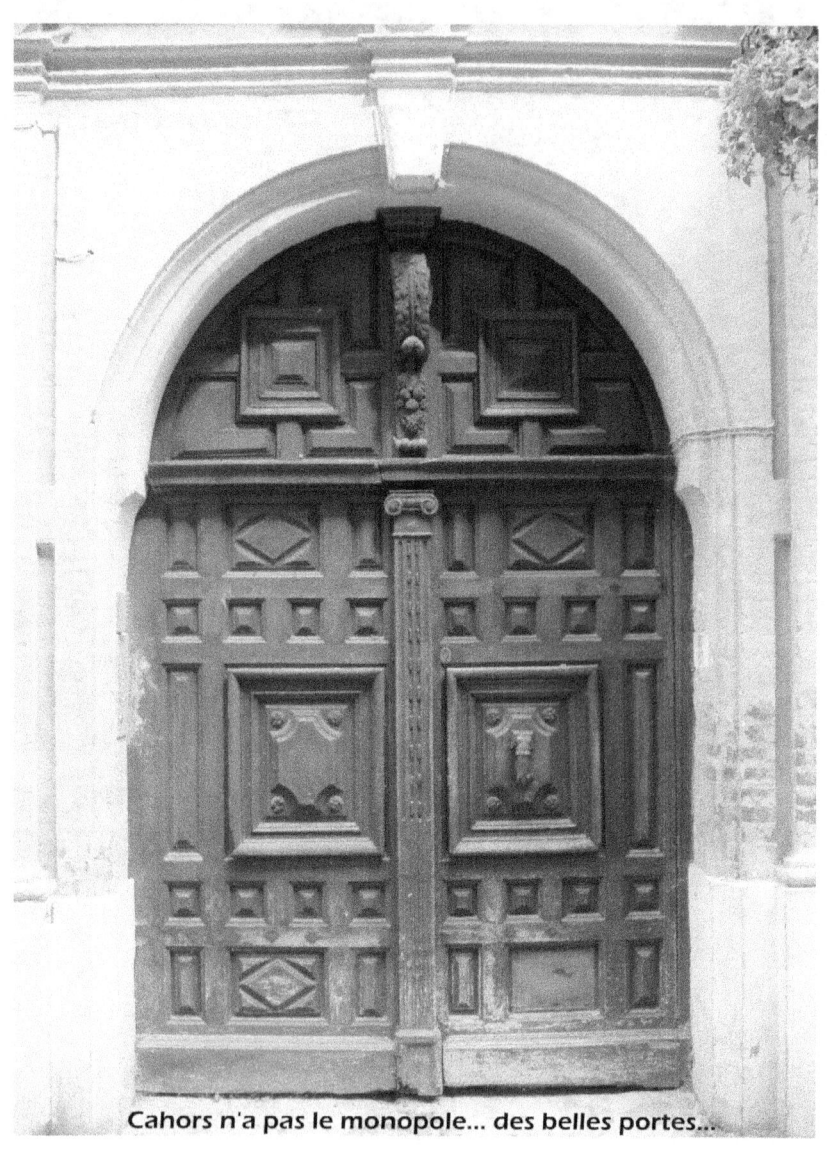
Cahors n'a pas le monopole... des belles portes...

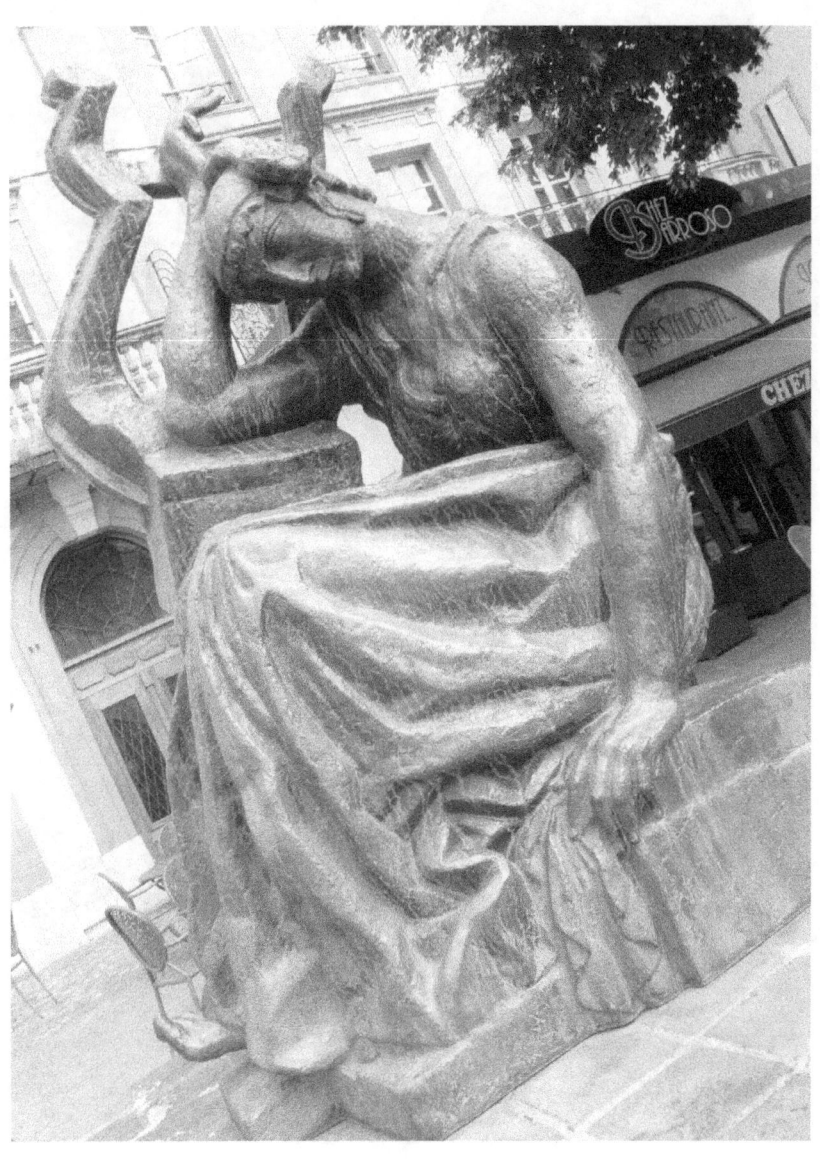

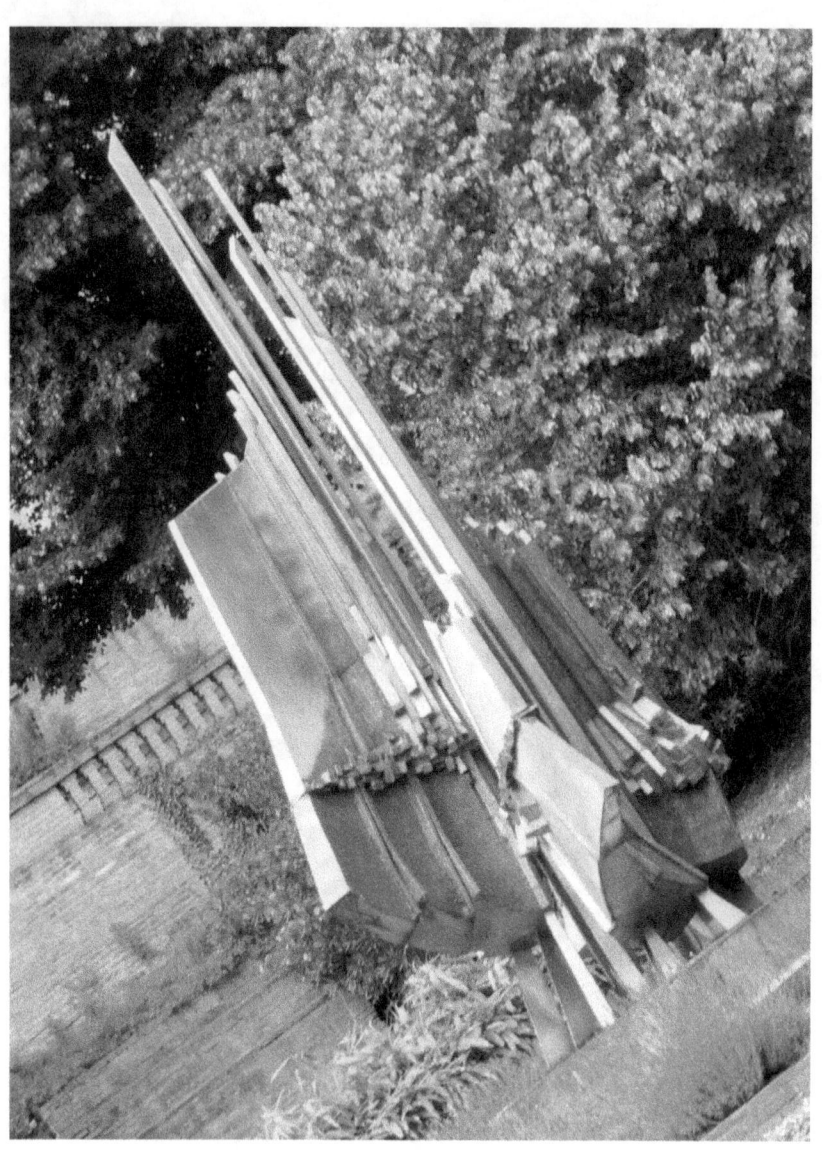

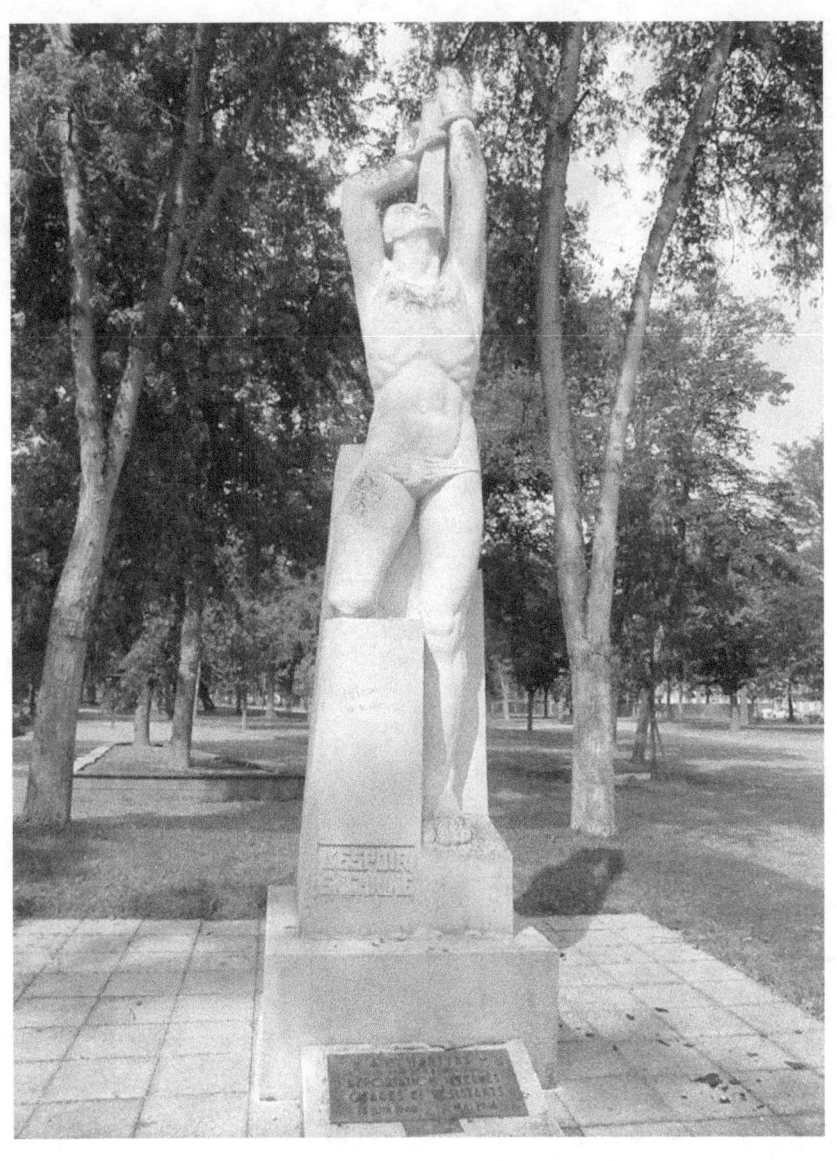

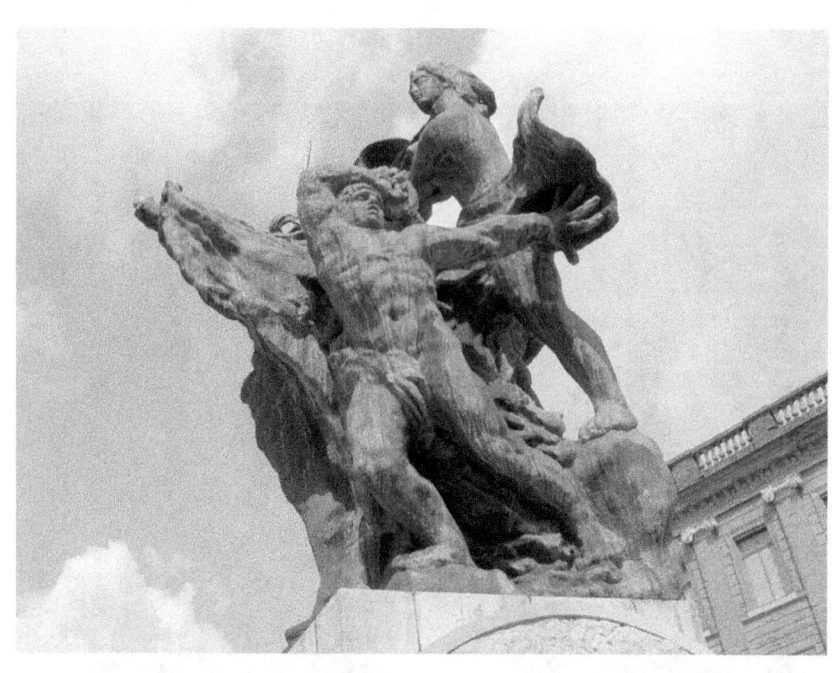

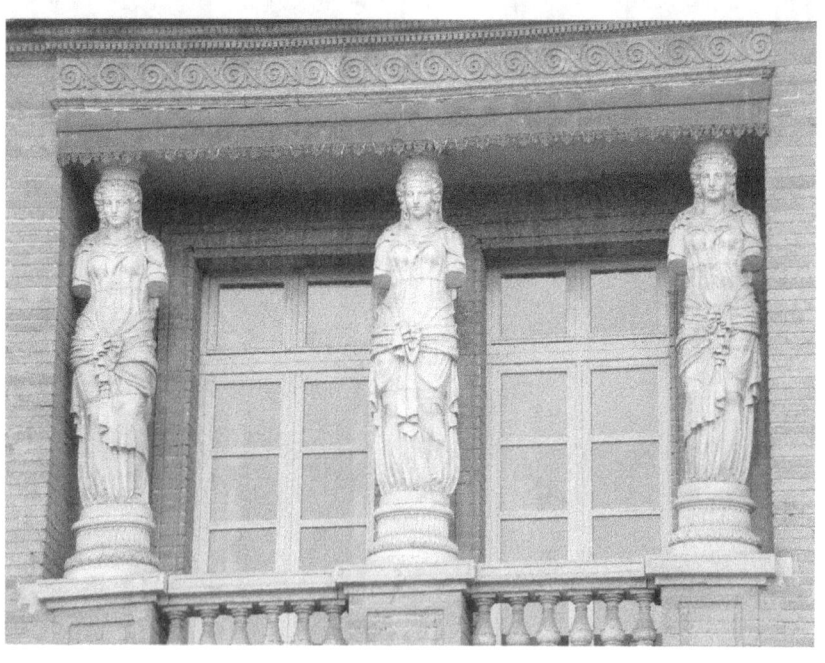

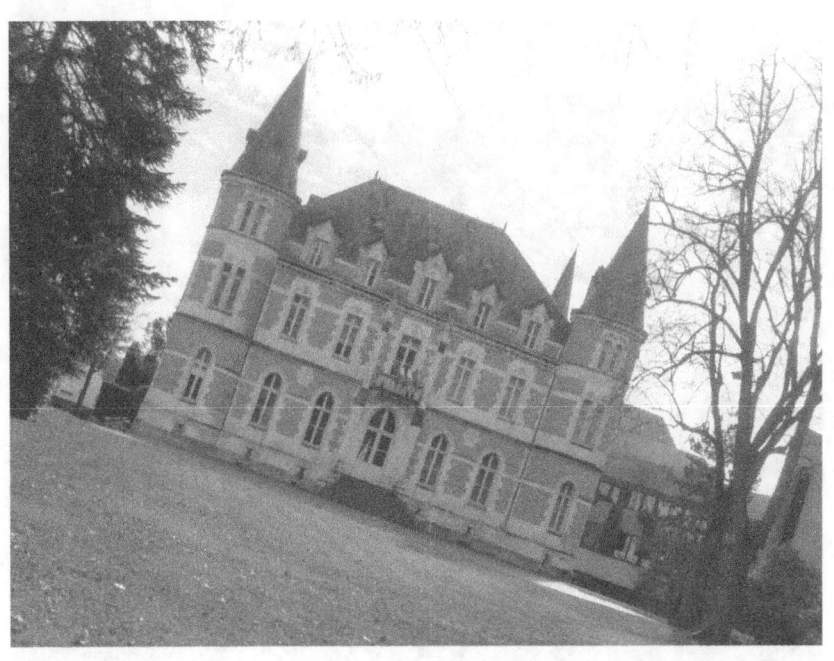

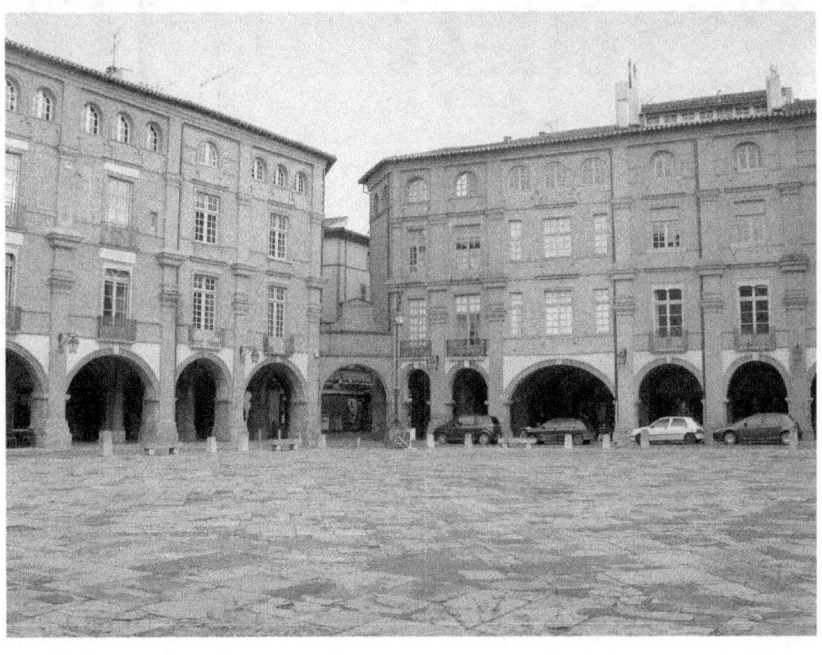

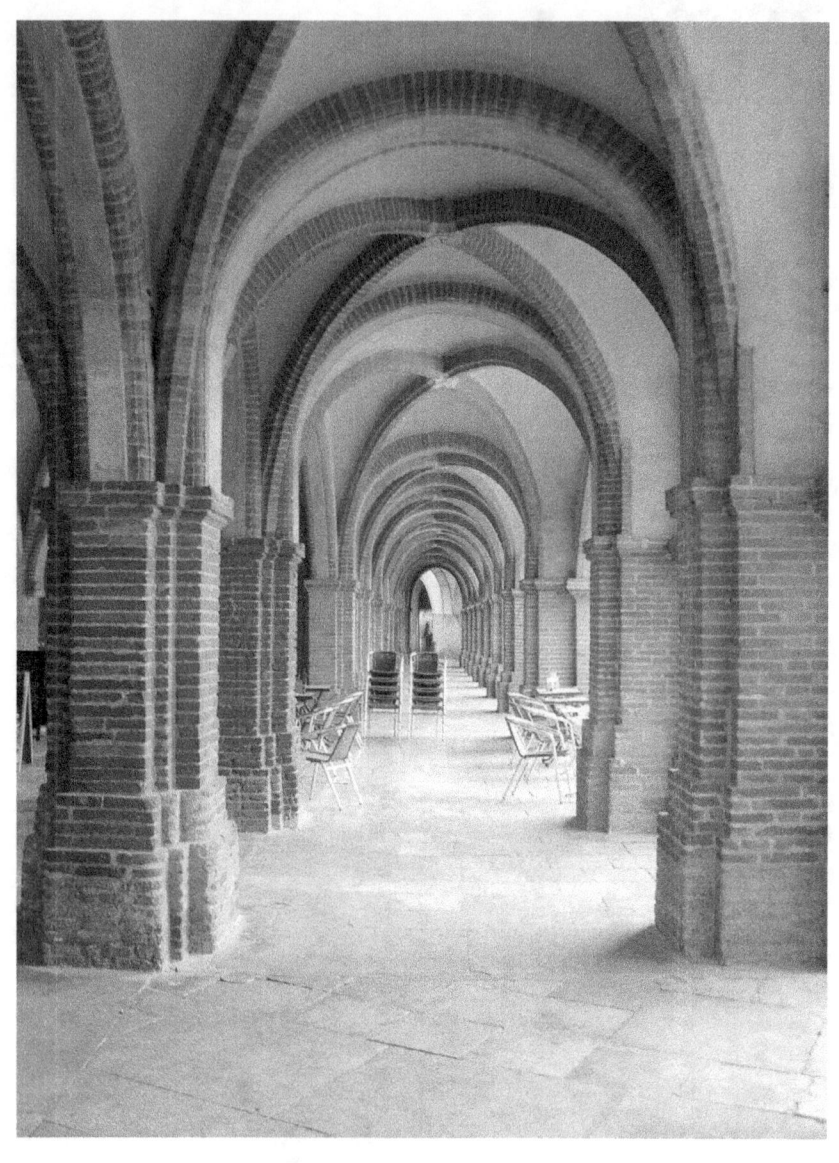

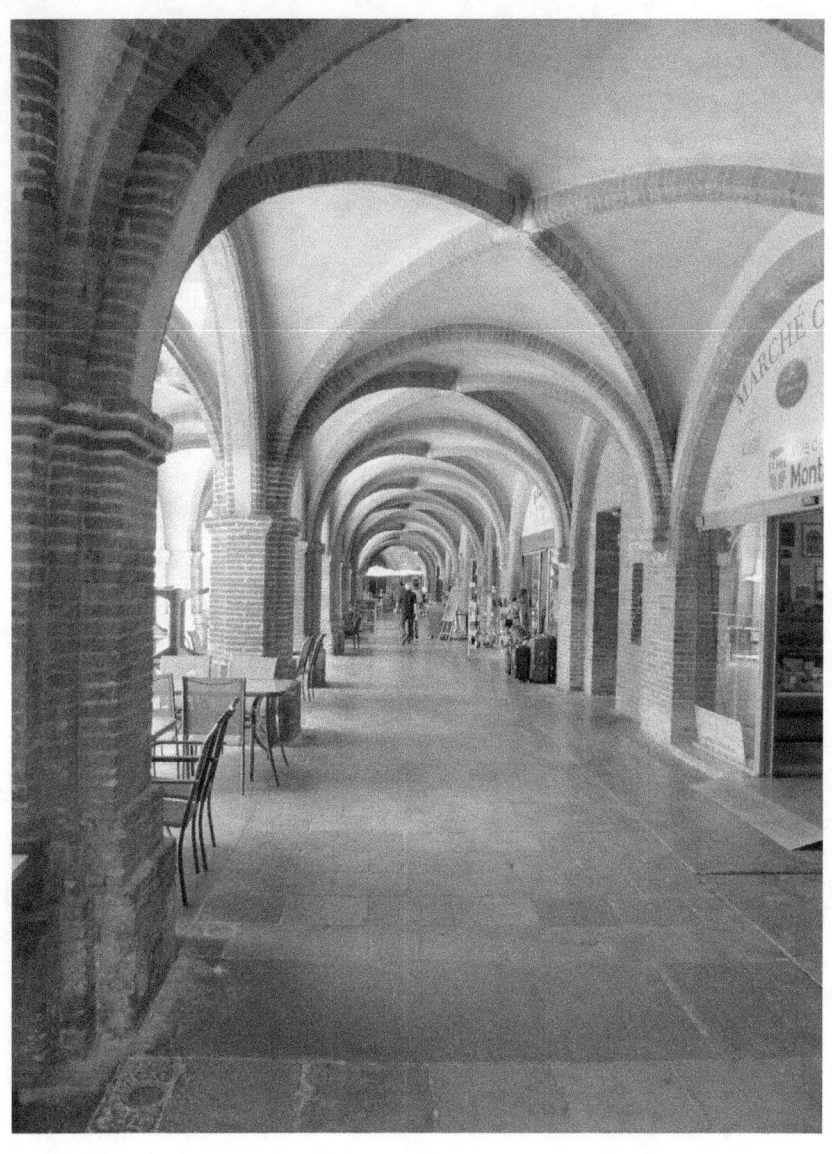

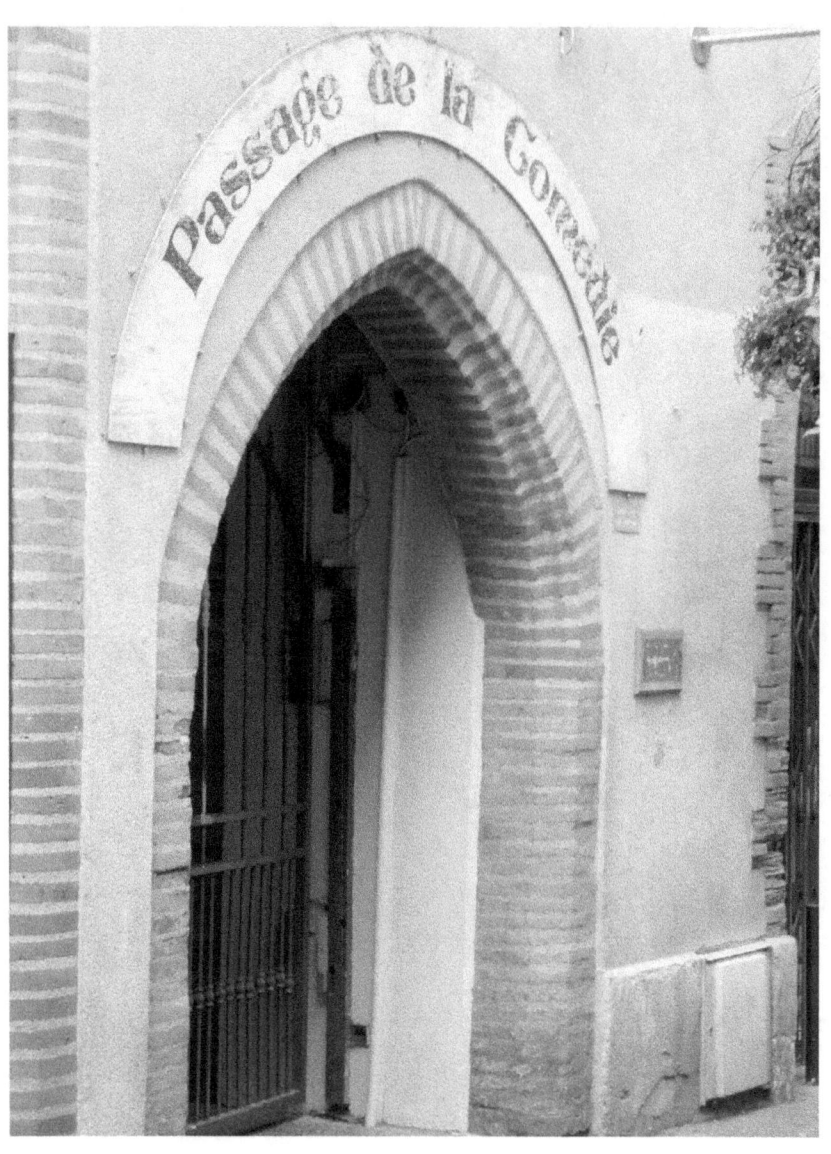

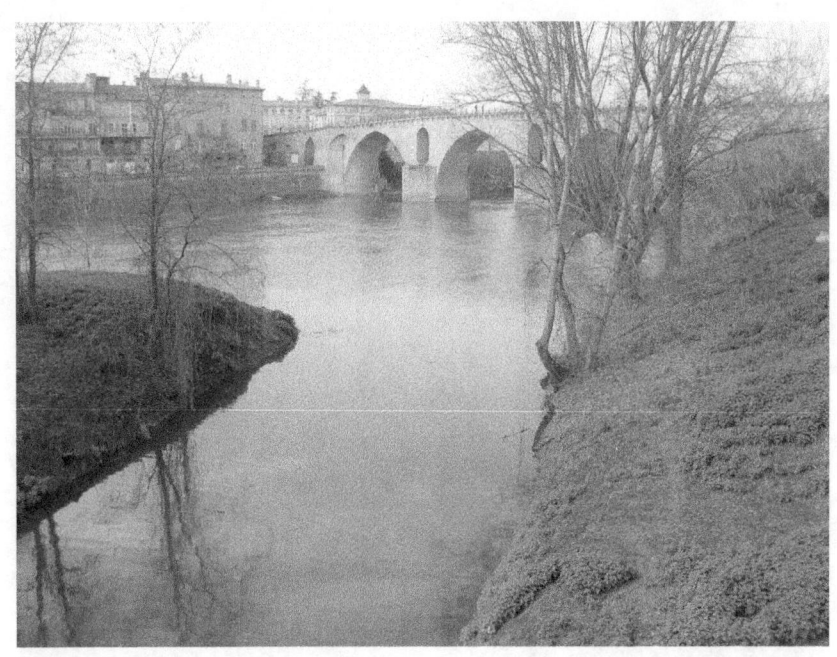

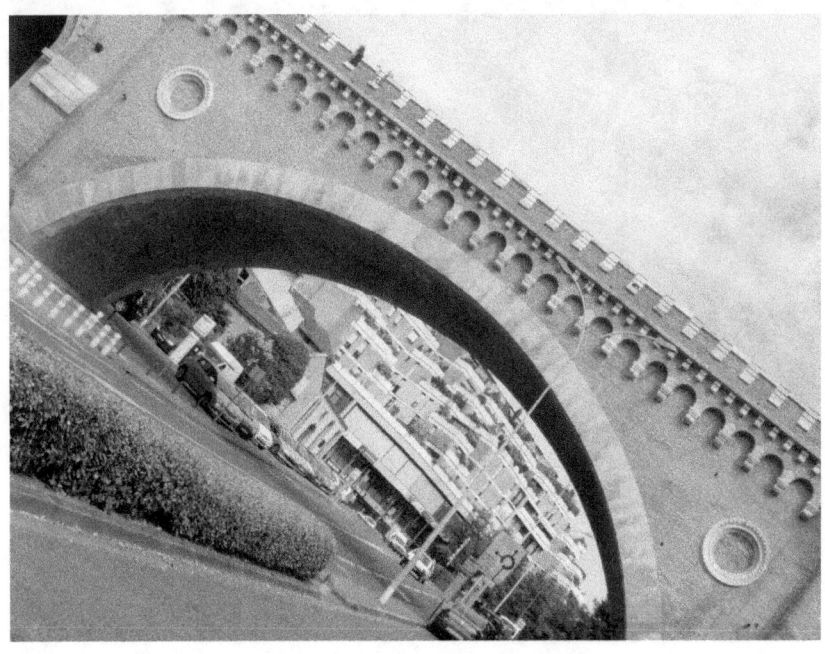

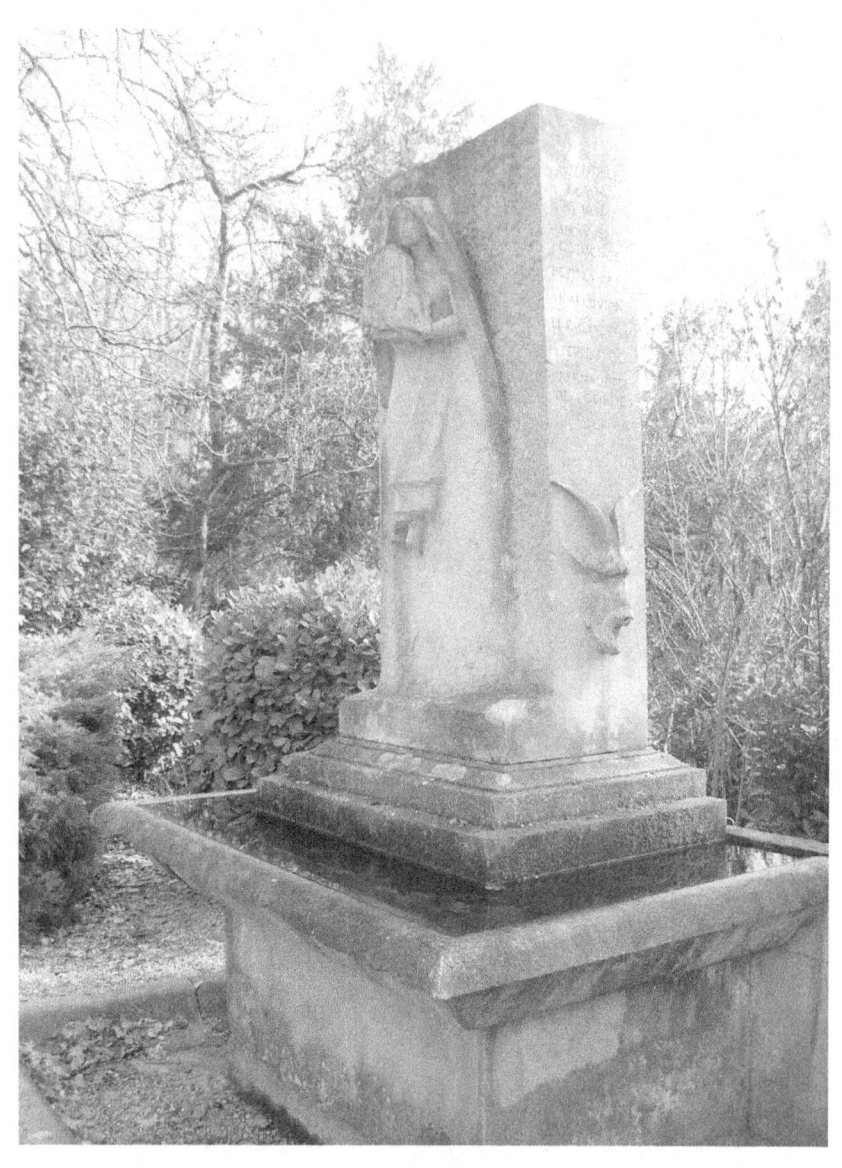

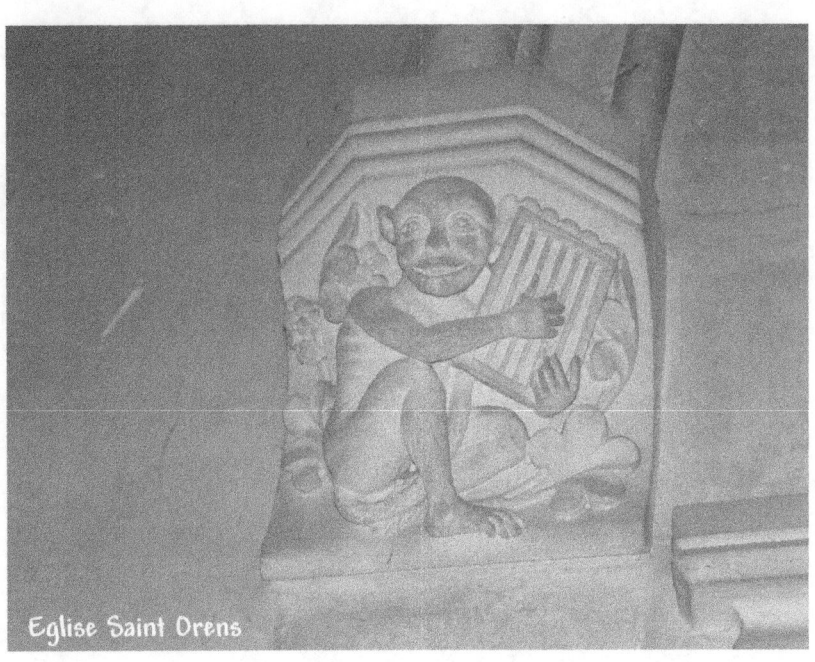

Eglise Saint Orens

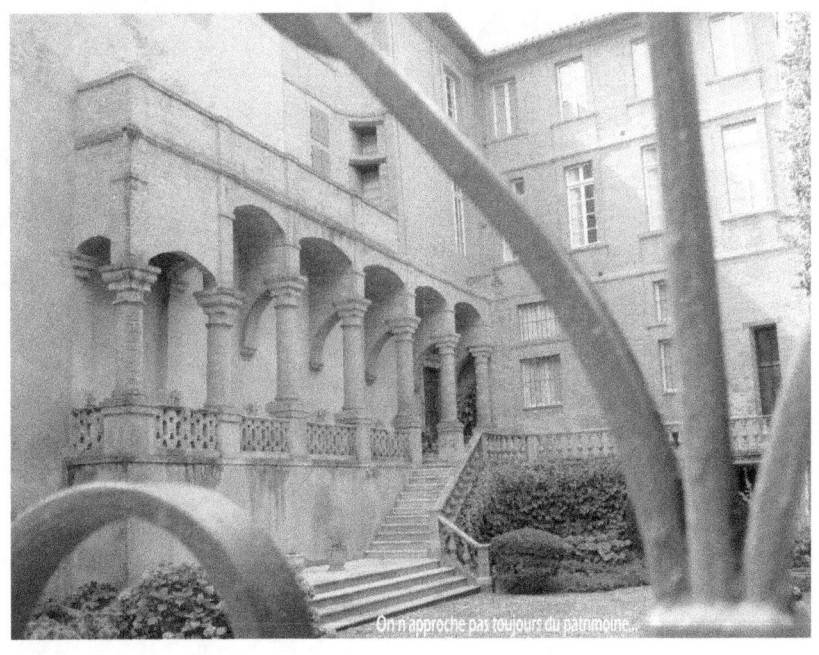

On n'approche pas toujours du patrimoine...

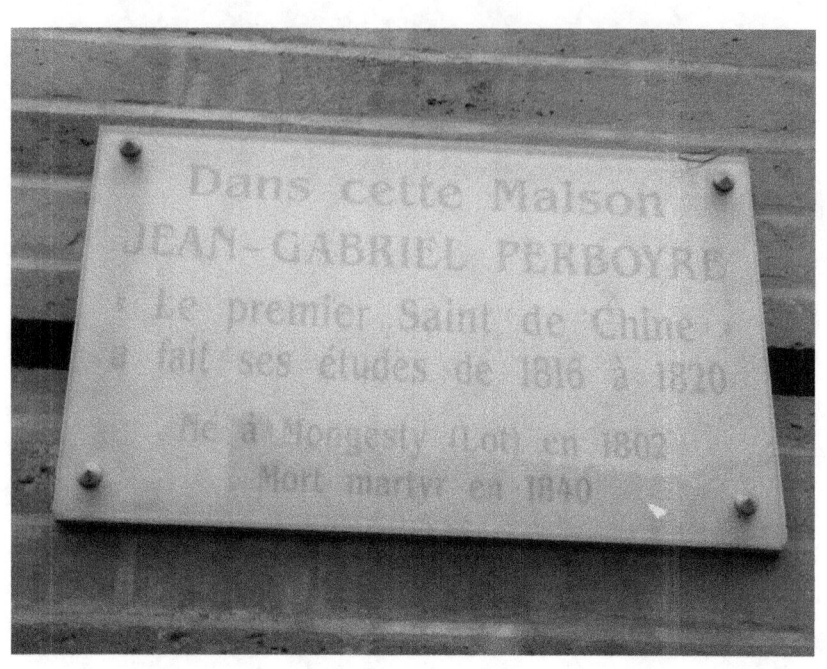

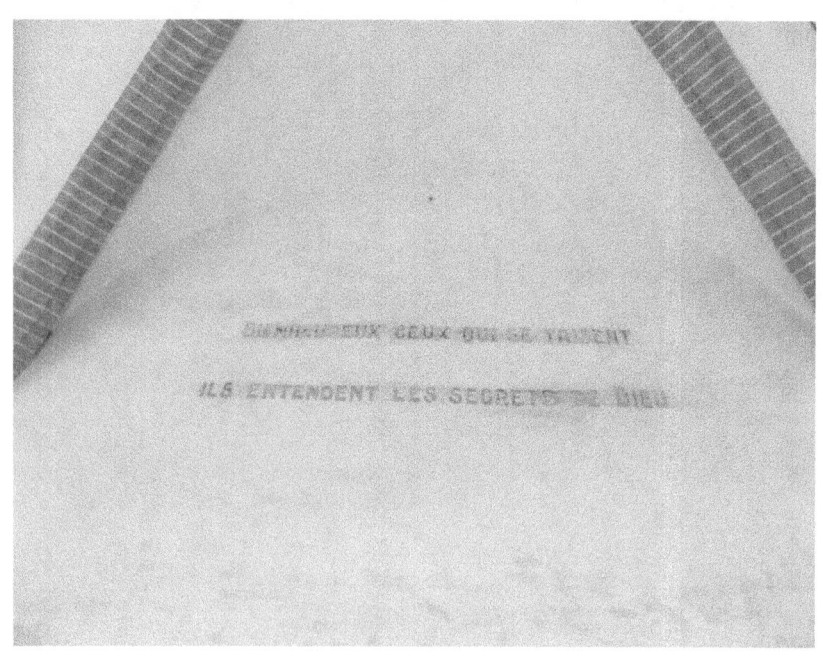

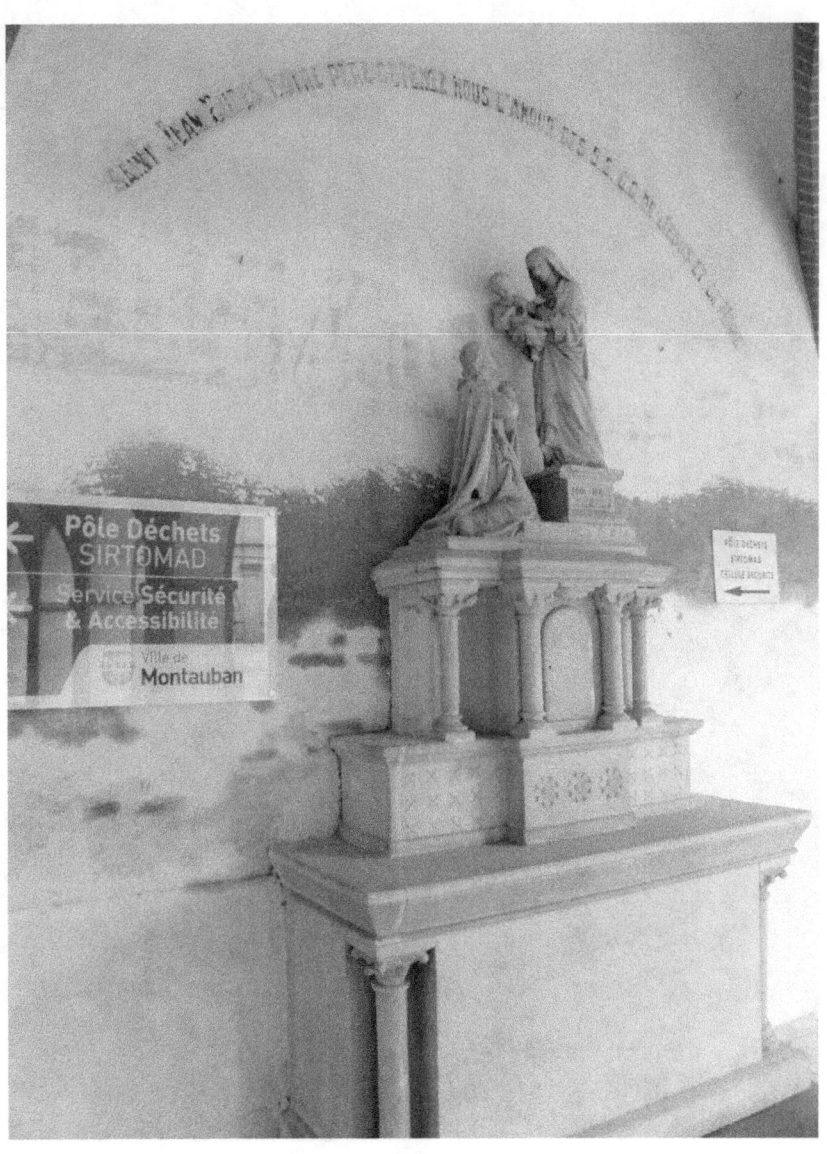

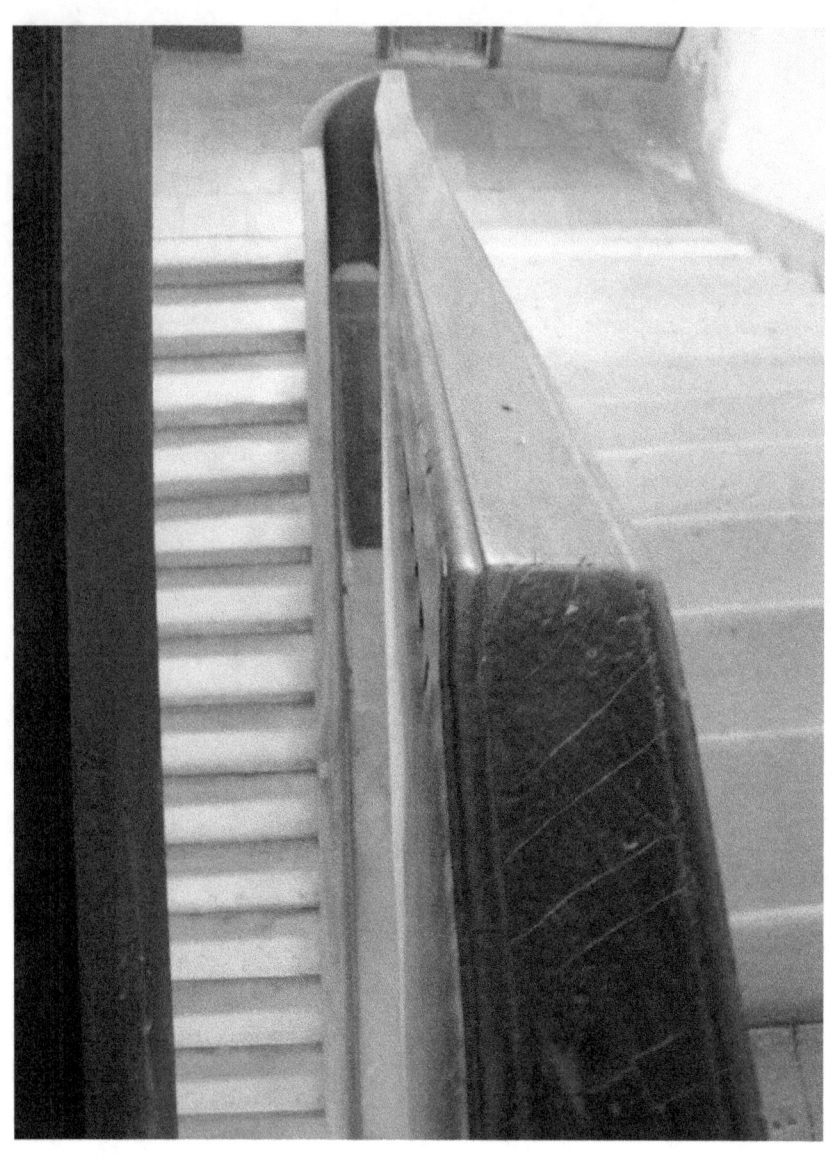

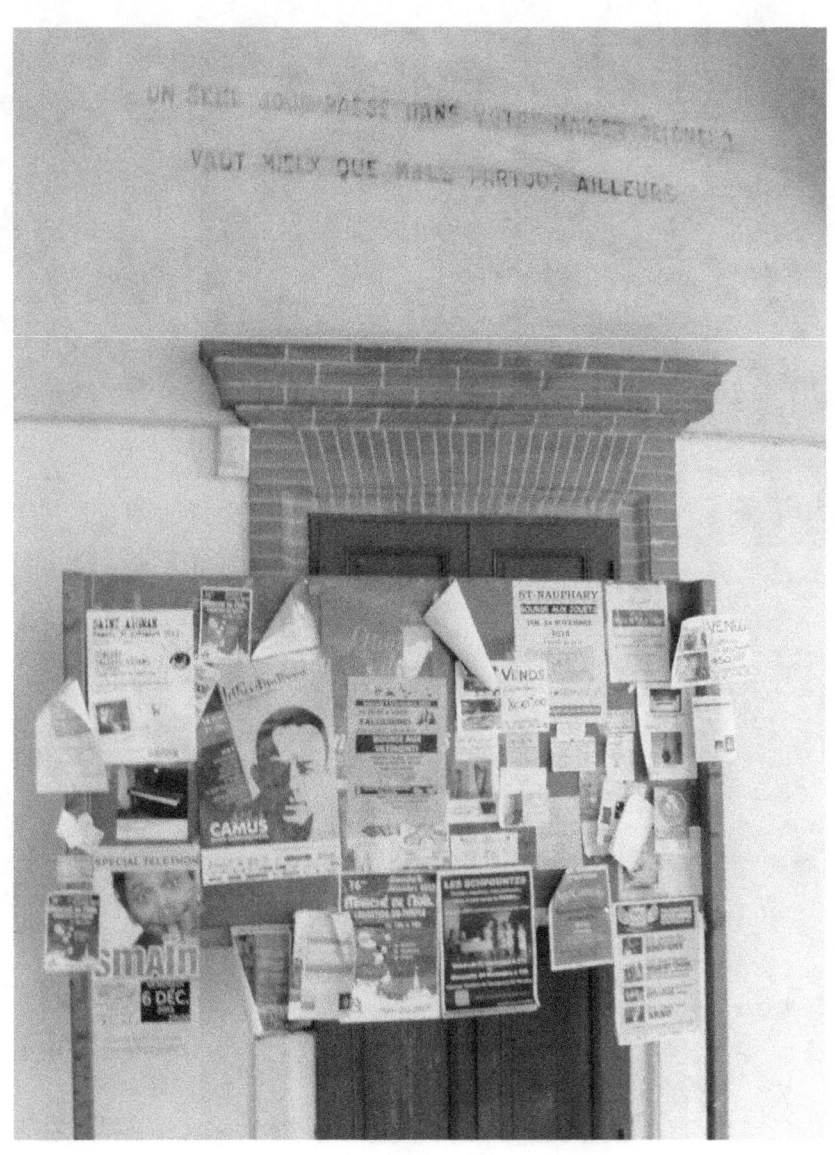

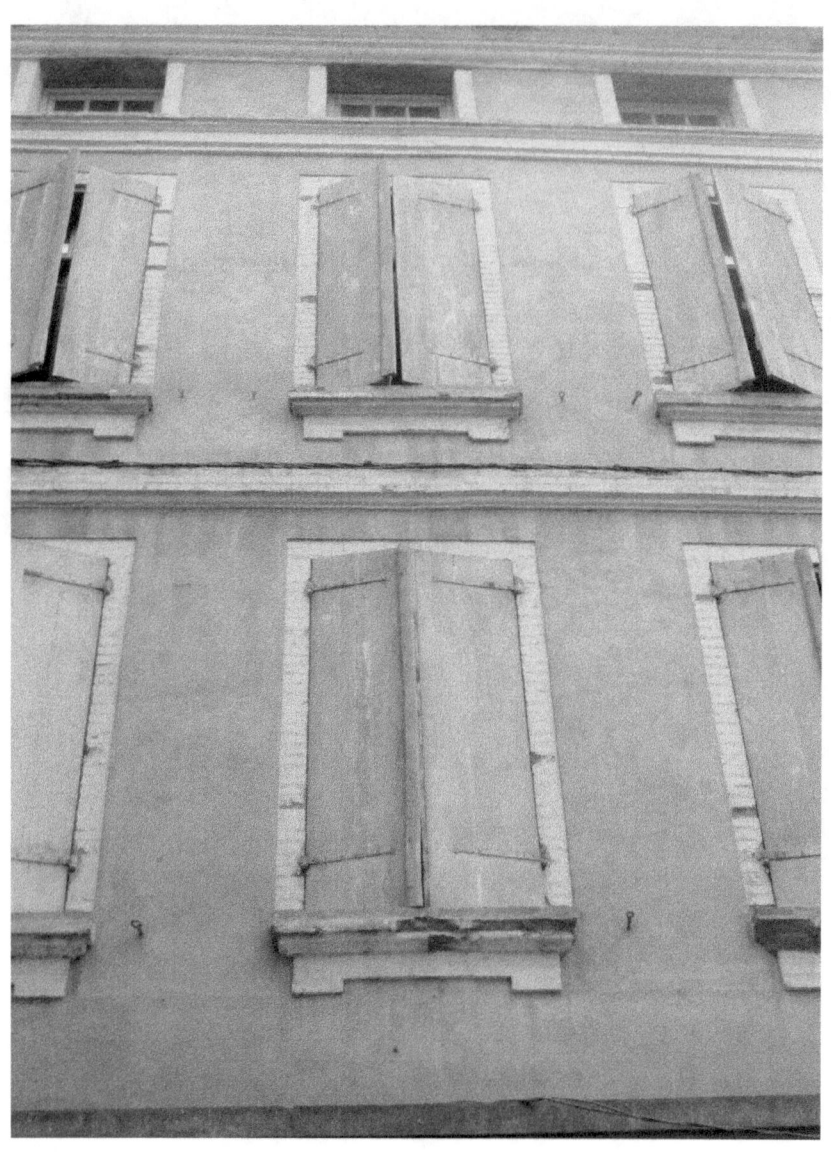

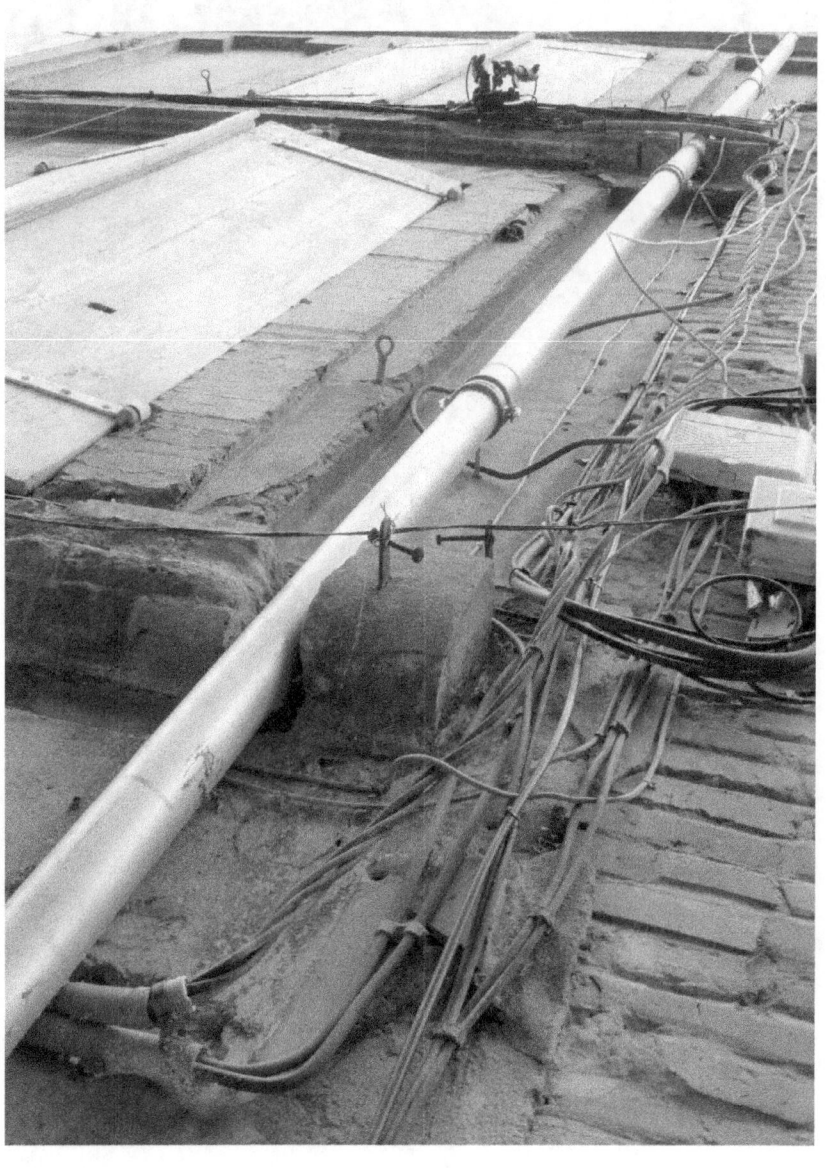

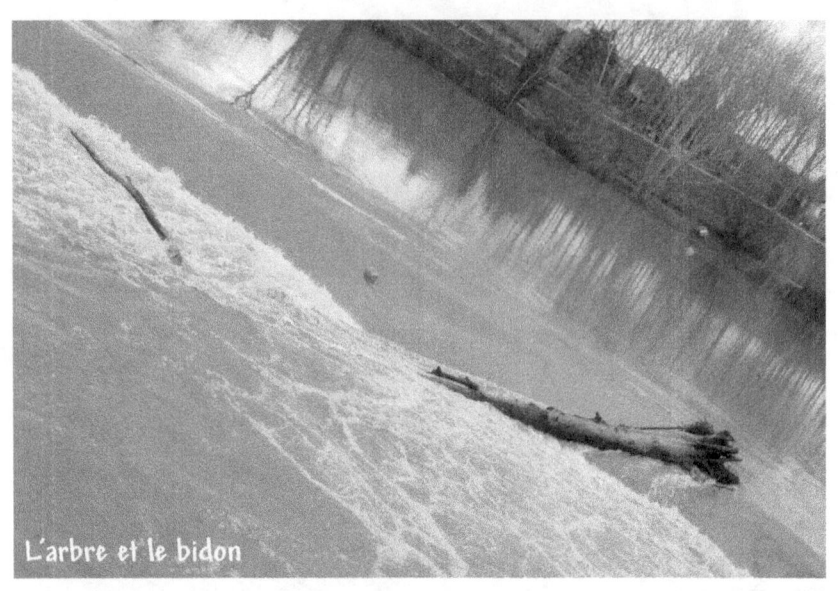
L'arbre et le bidon

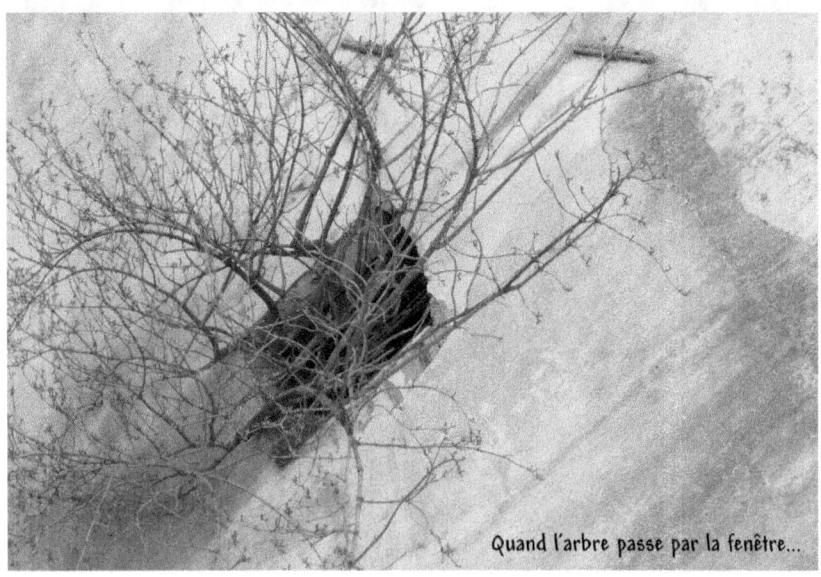
Quand l'arbre passe par la fenêtre...

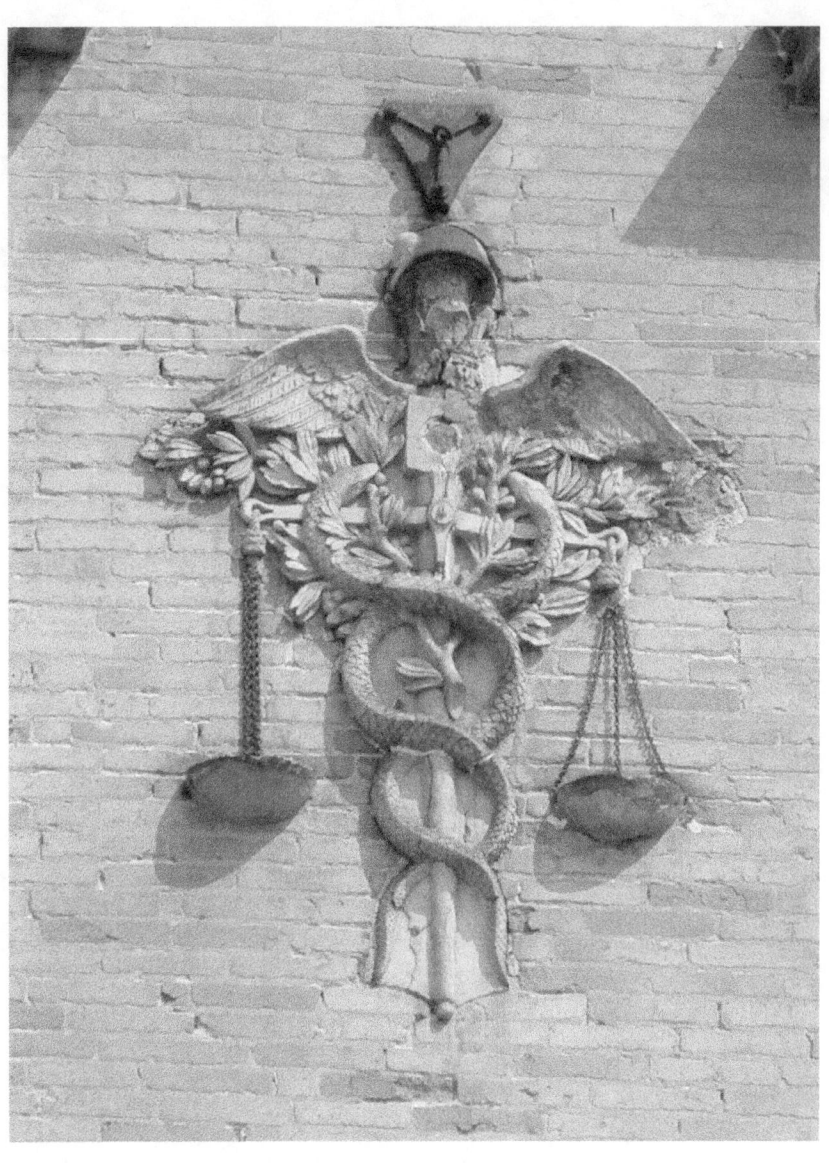

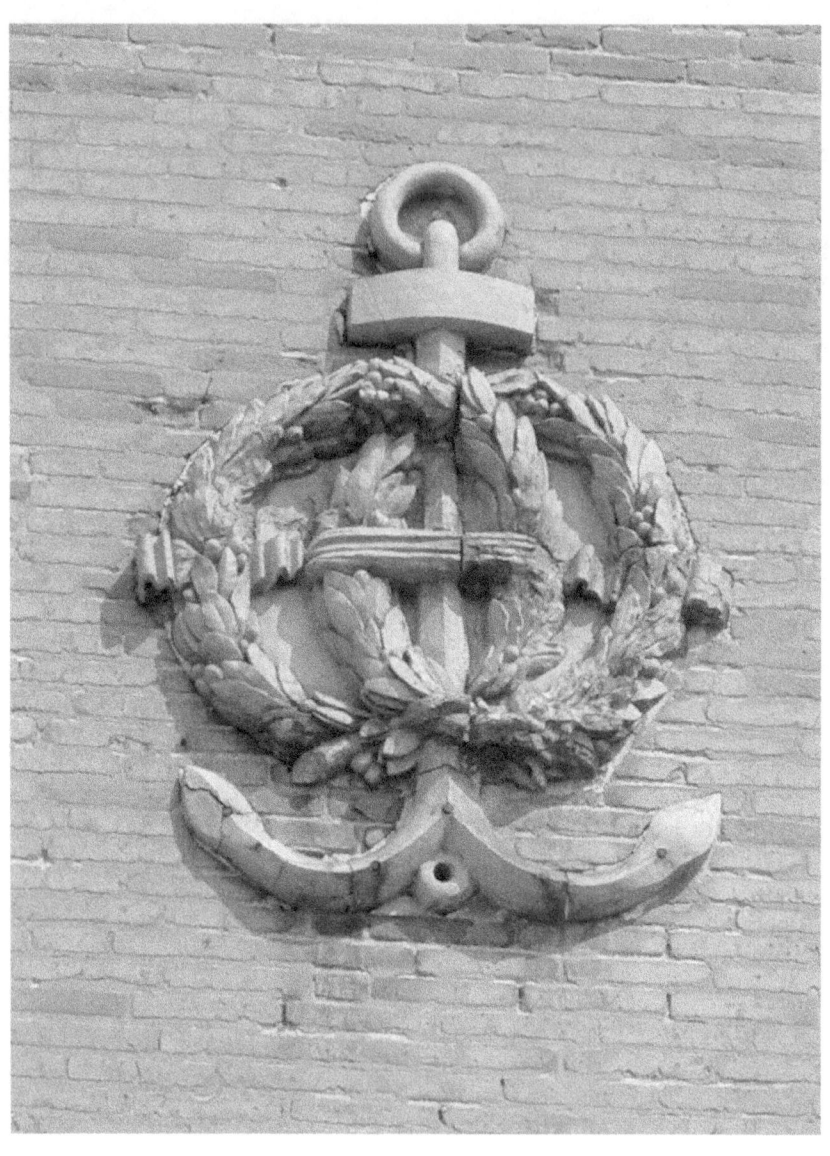

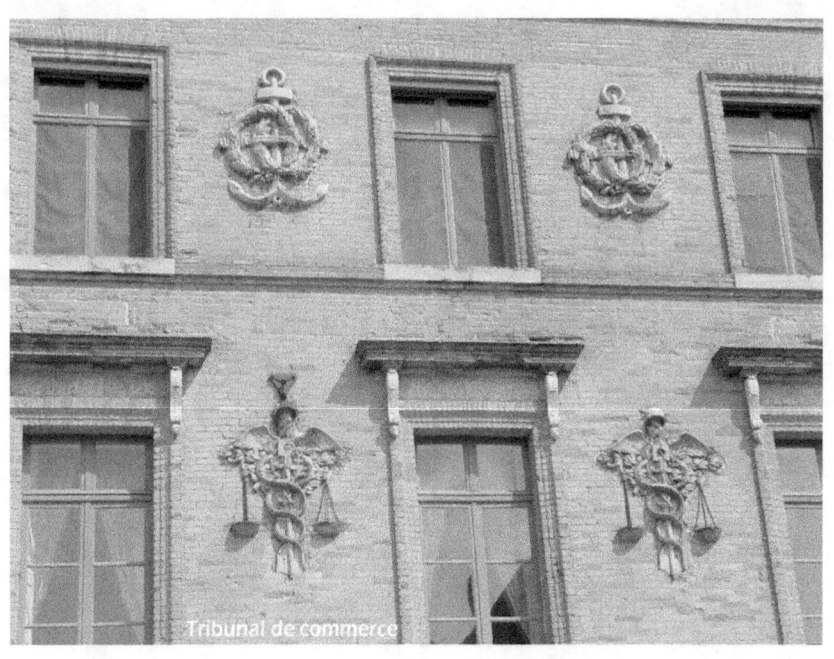

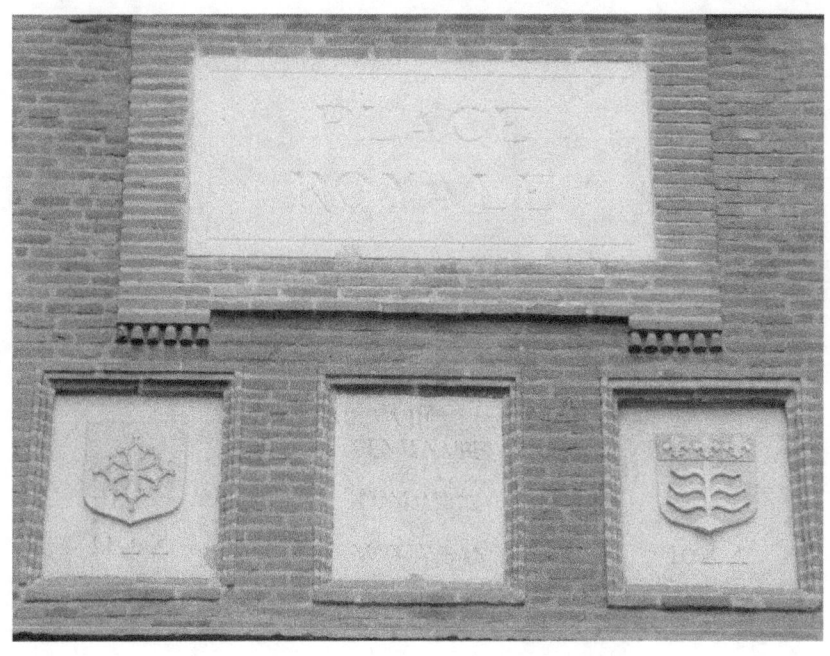

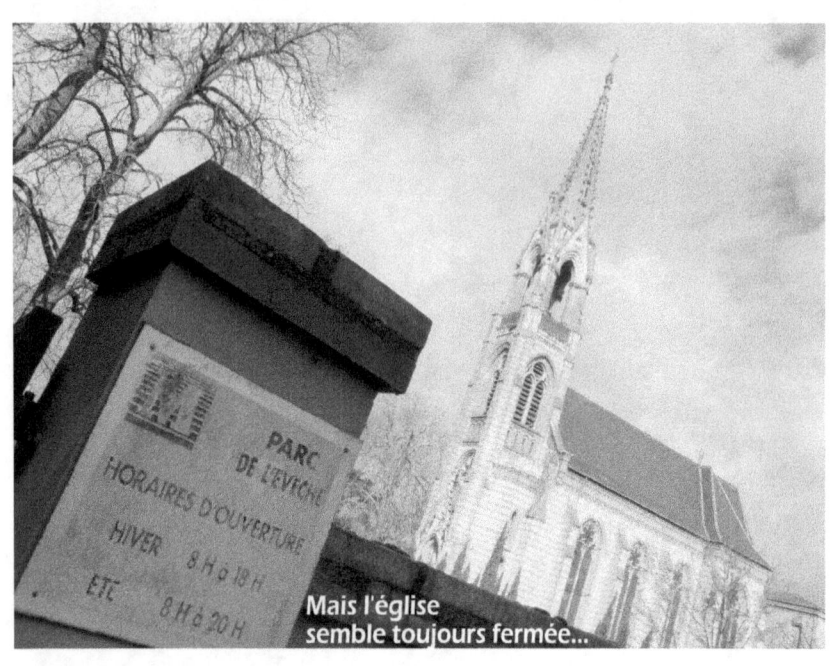

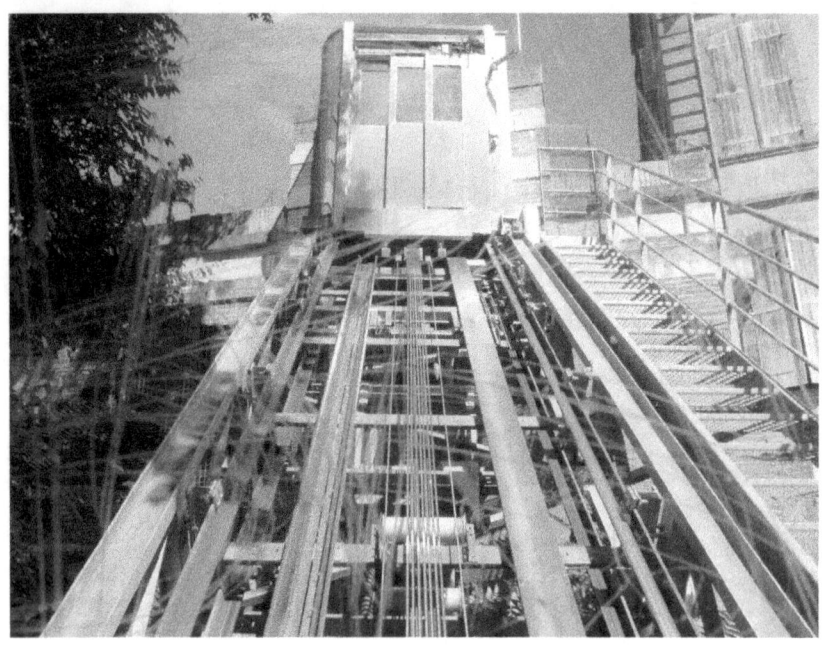

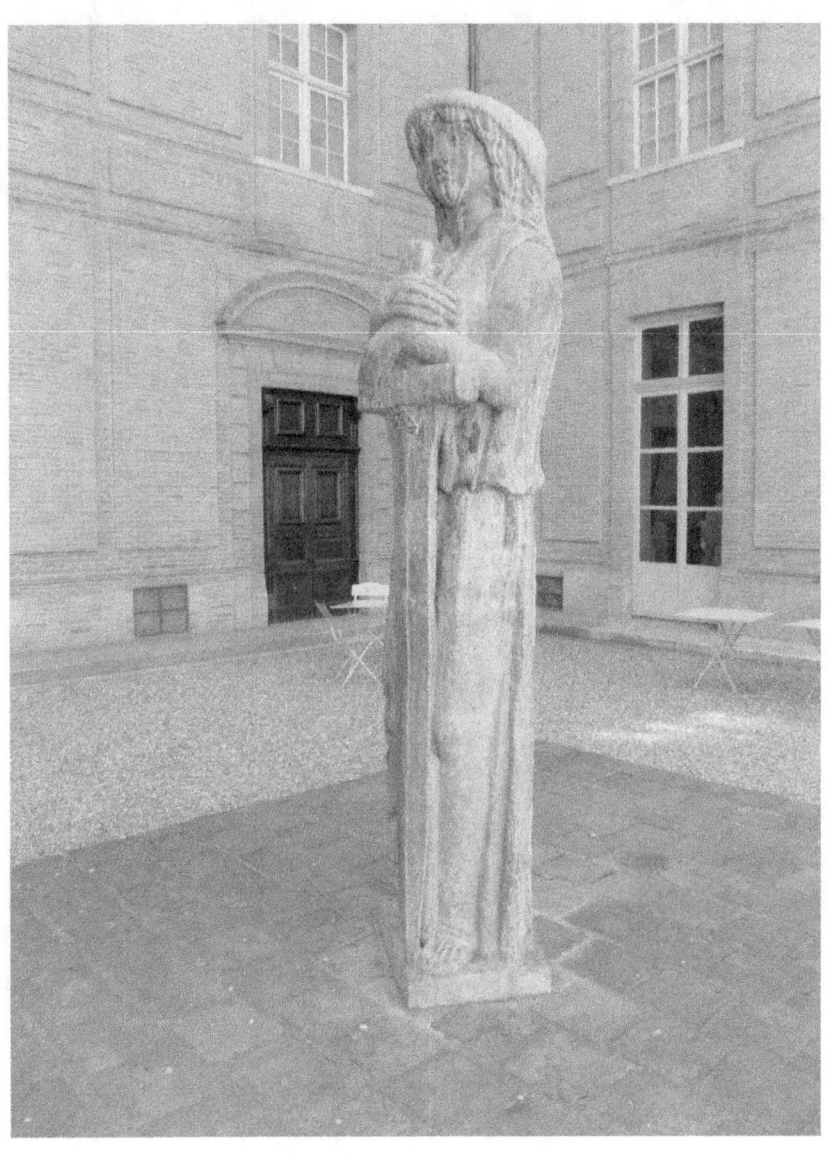

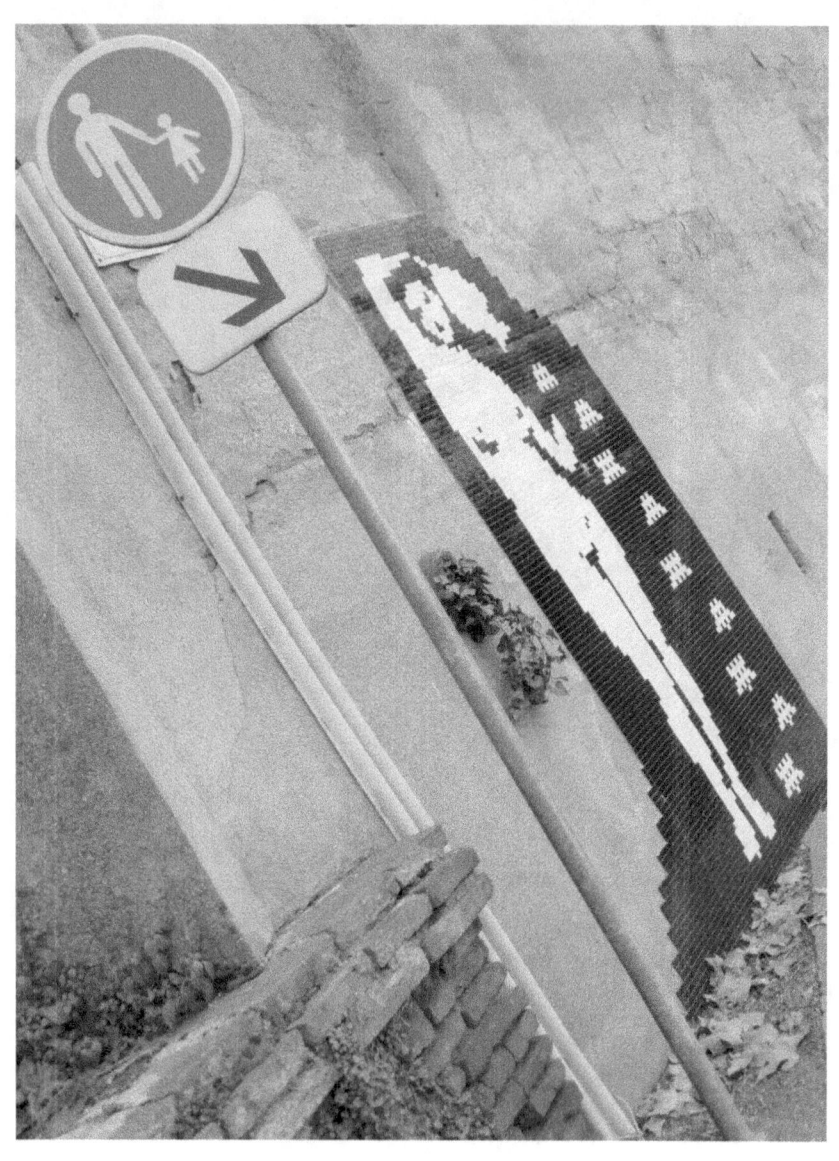

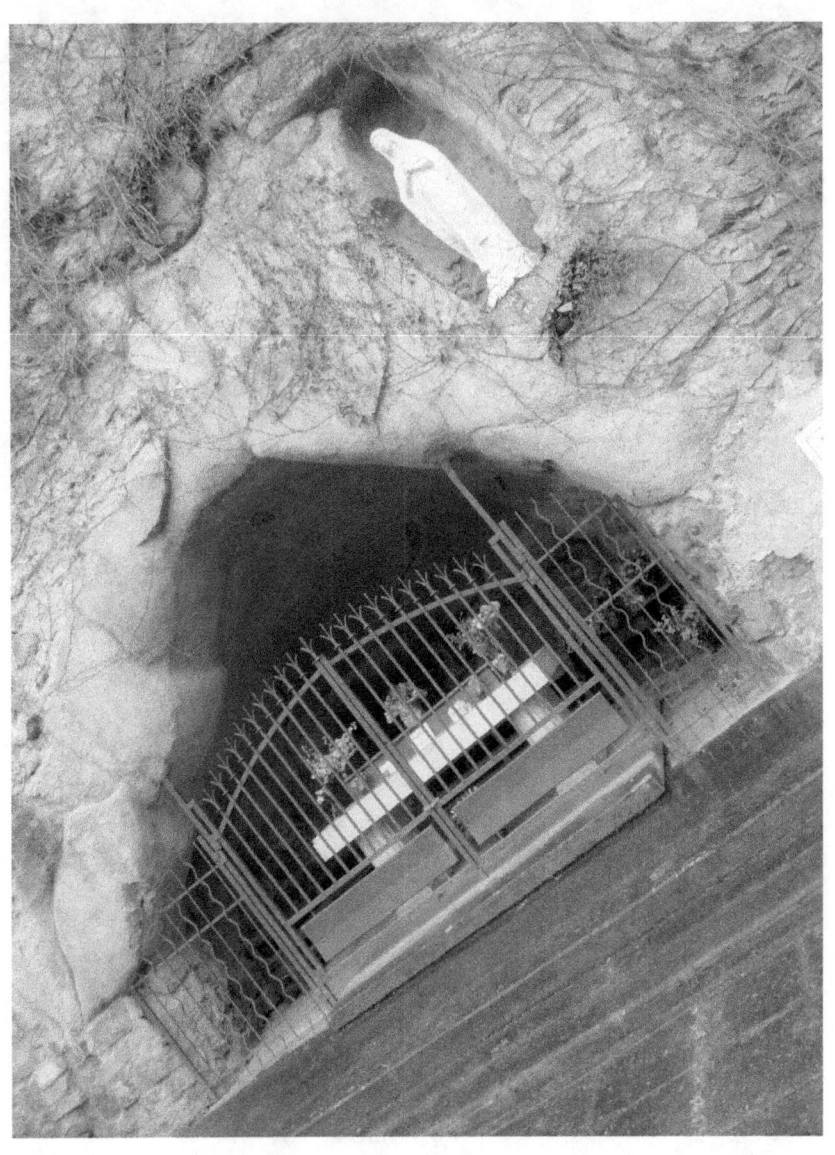

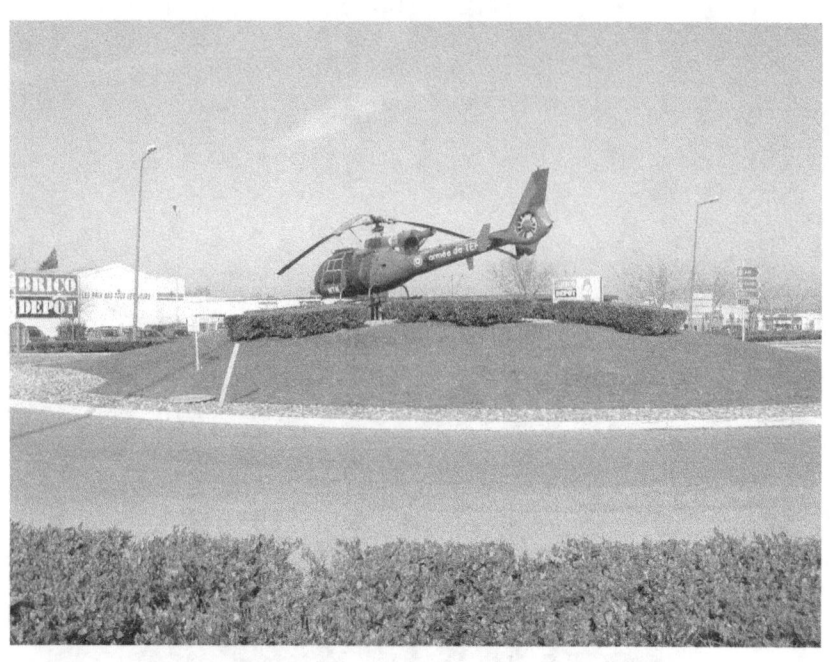

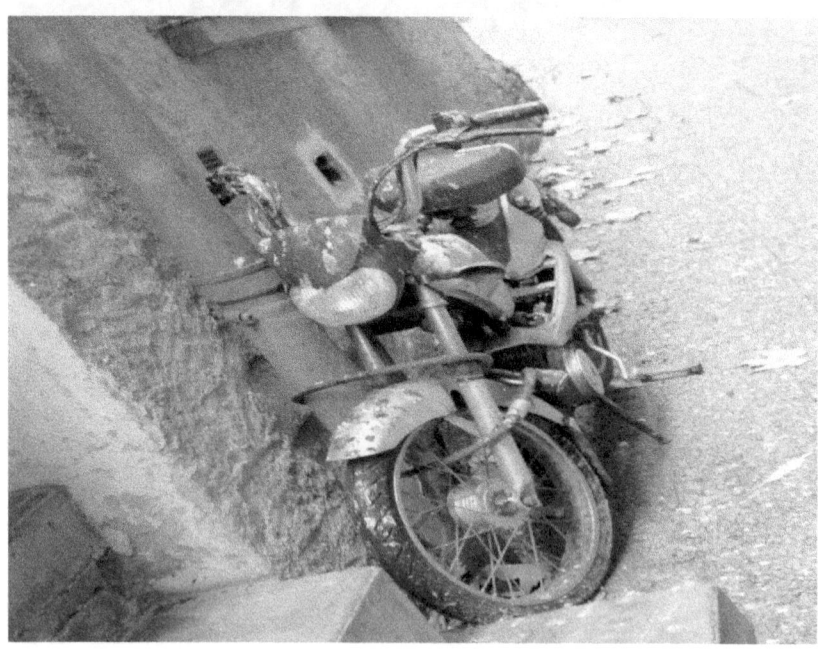

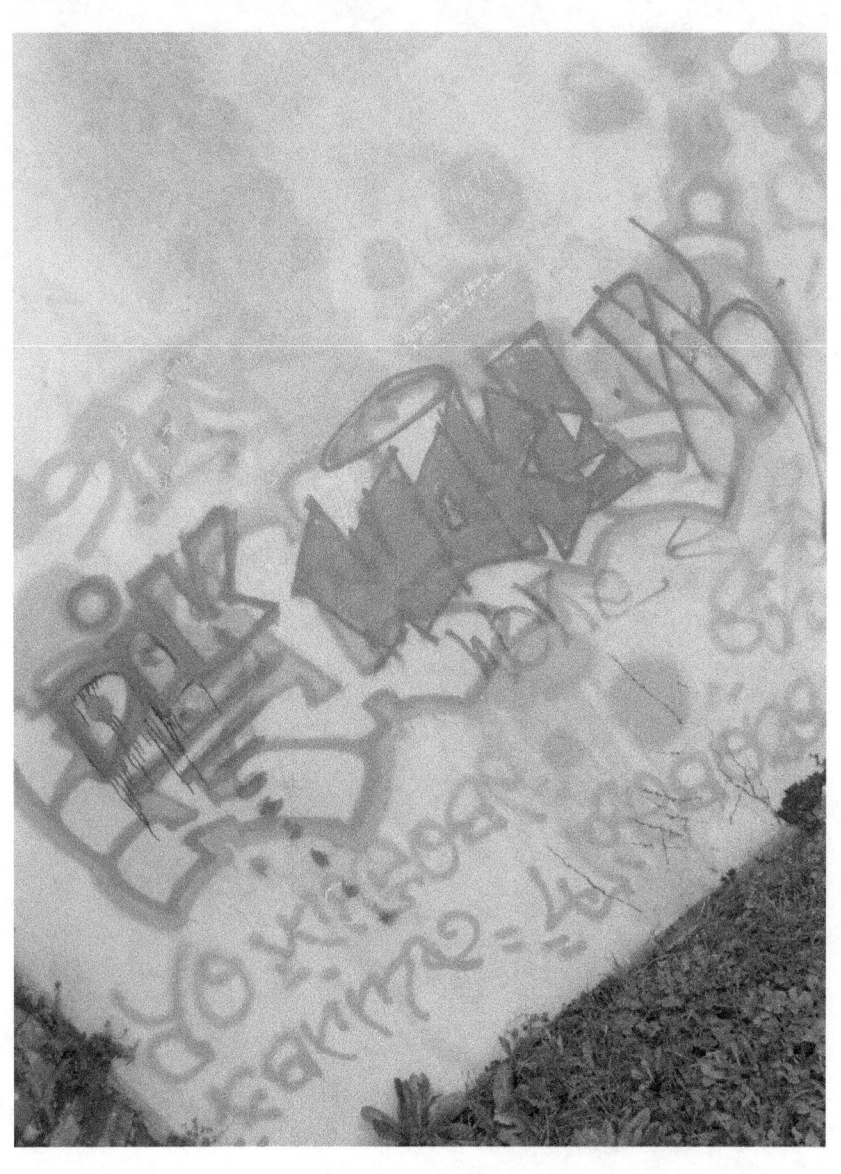

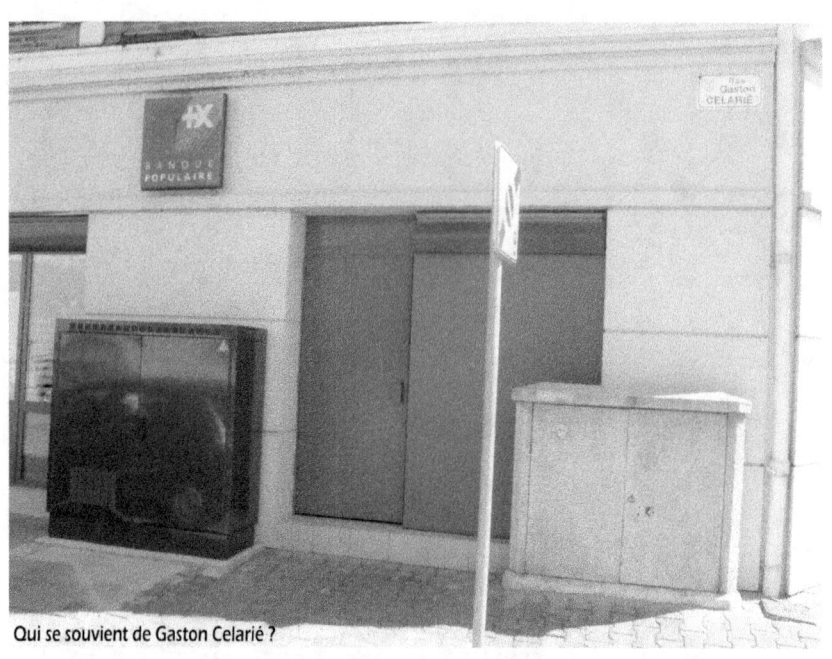
Qui se souvient de Gaston Celarié ?

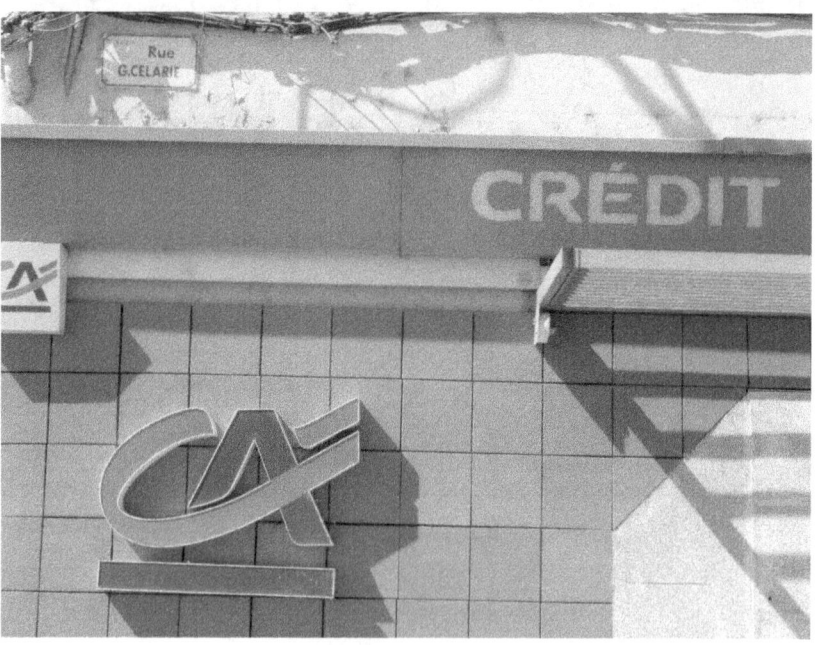

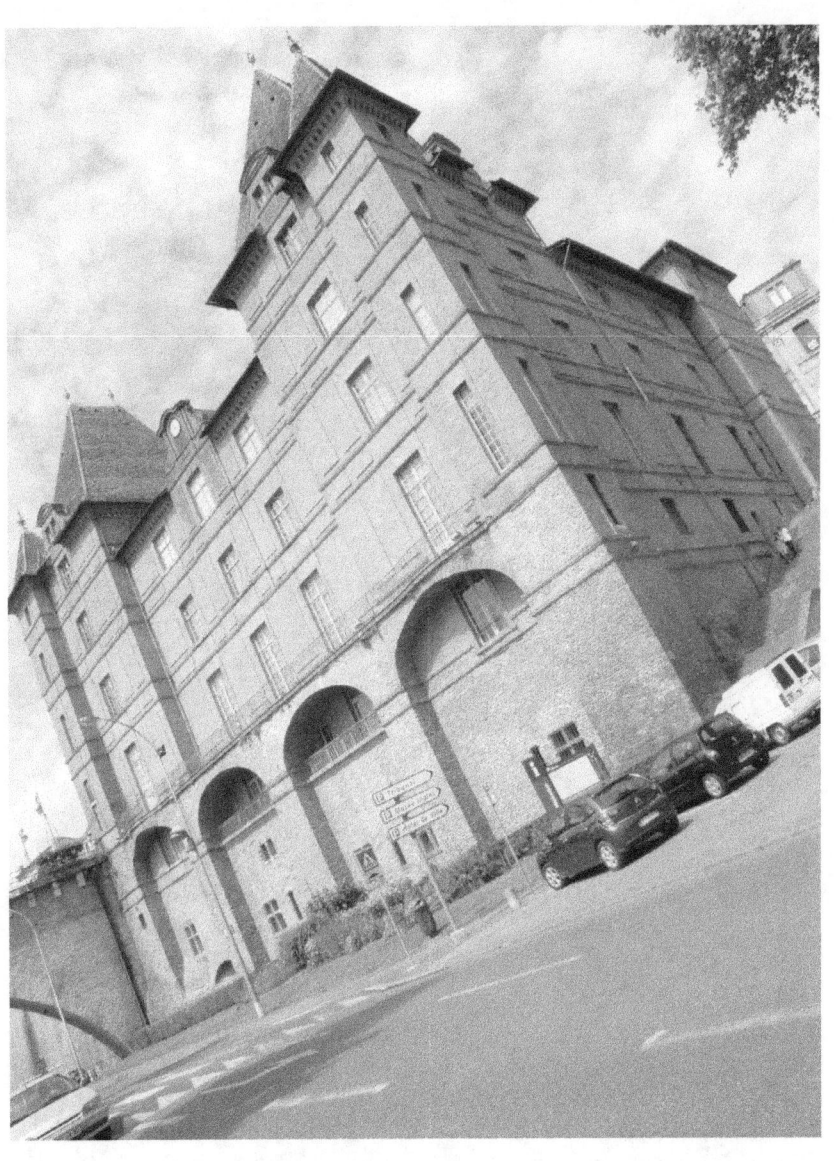

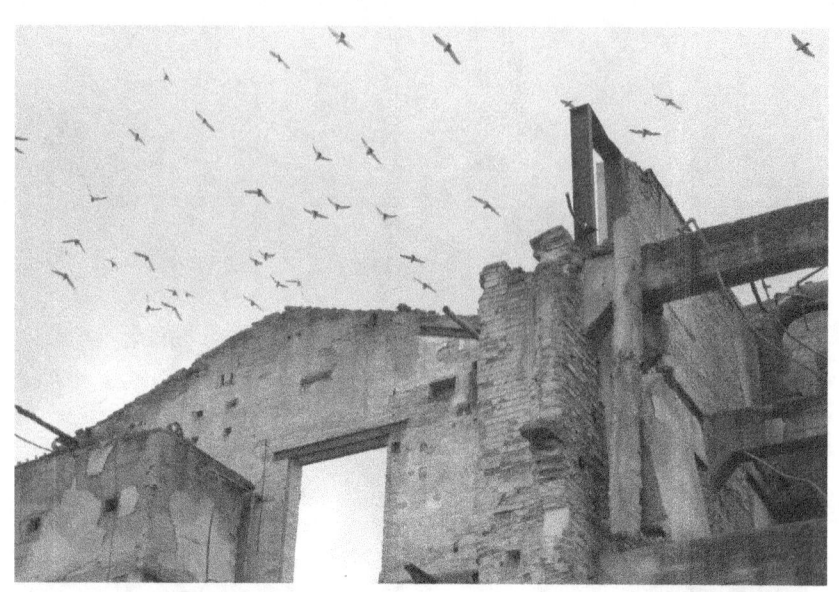

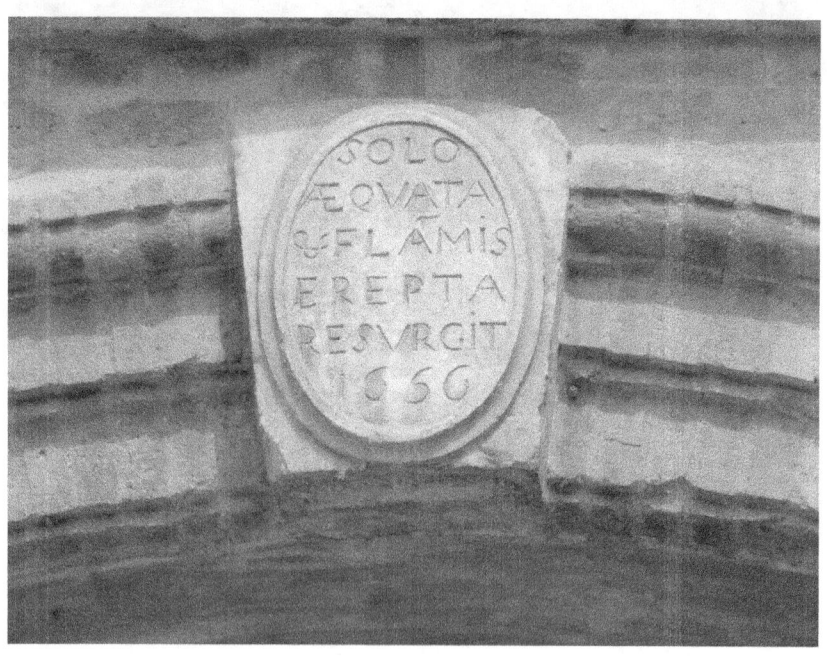

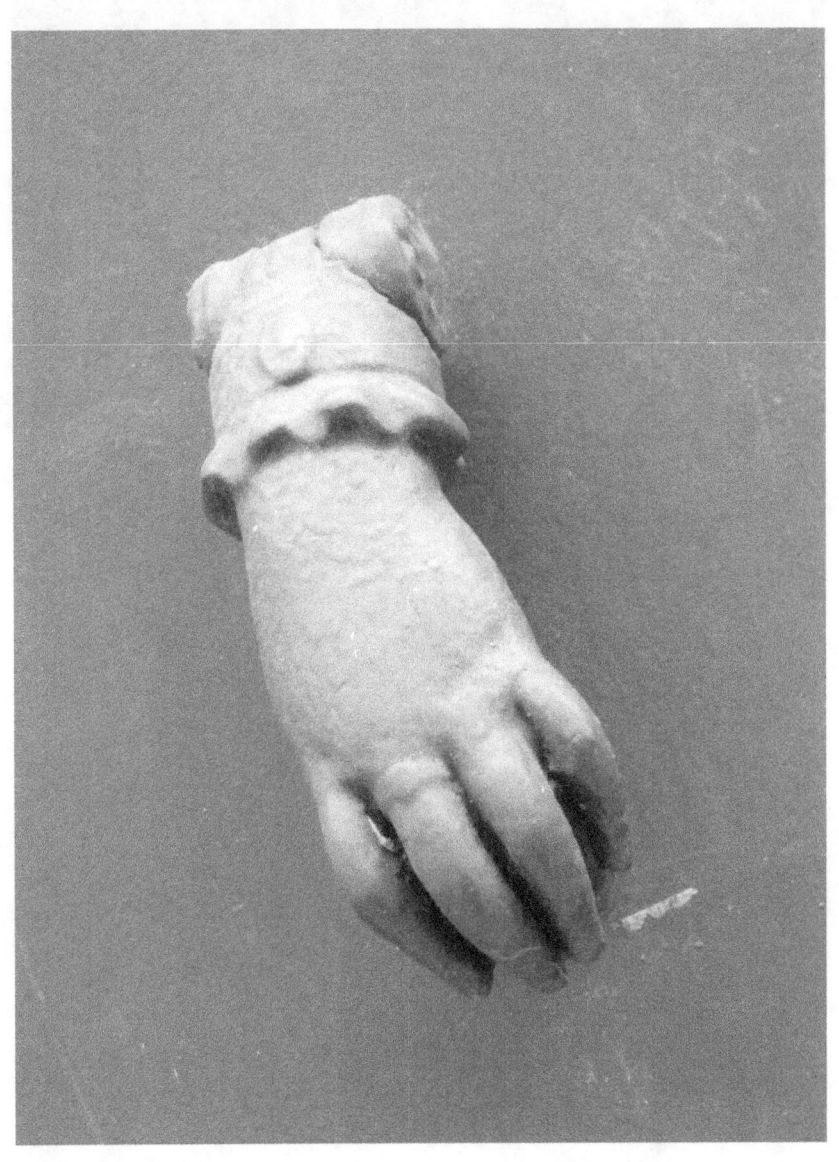

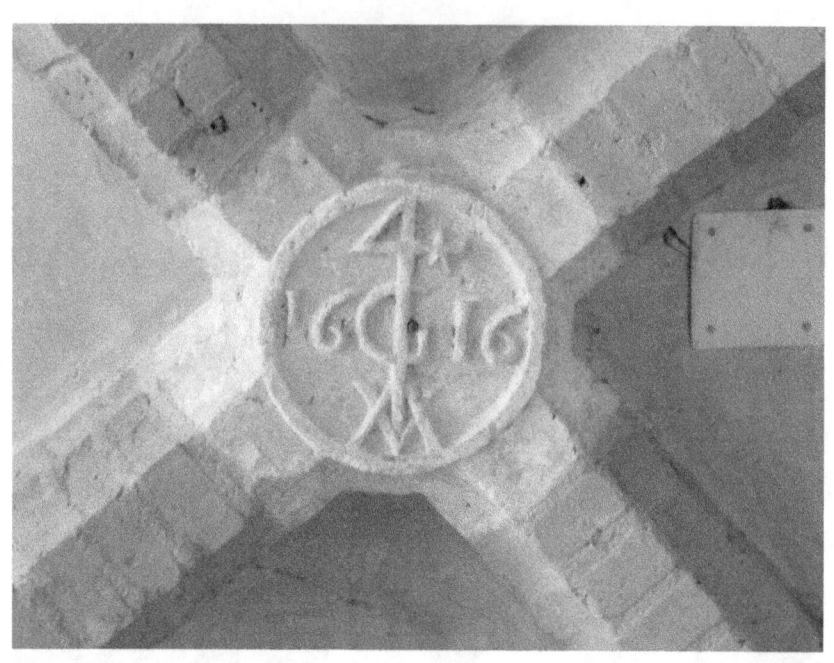

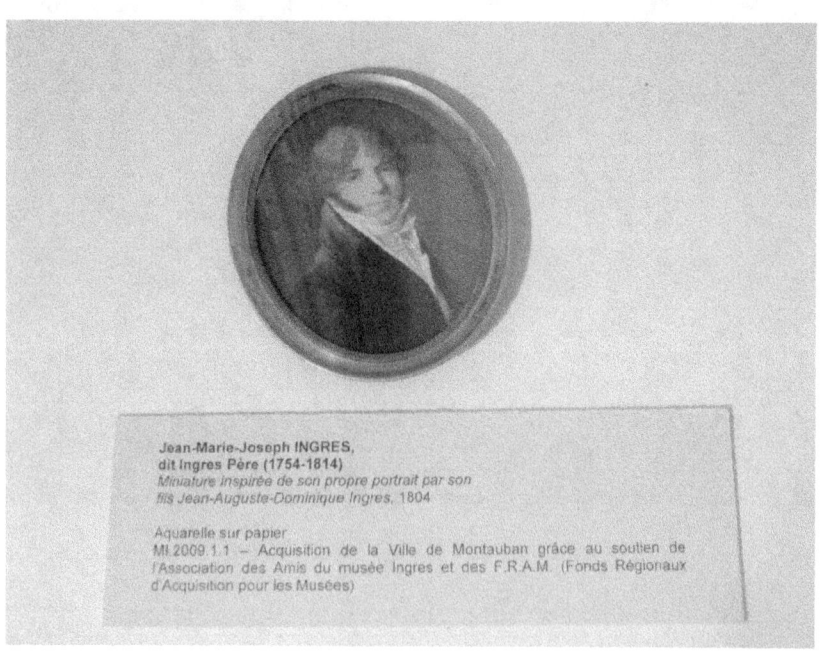

Jean-Marie-Joseph INGRES,
dit Ingres Père (1754-1814)
Miniature inspirée de son propre portrait par son
fils Jean-Auguste-Dominique Ingres, 1804

Aquarelle sur papier
MI.2009.1.1 – Acquisition de la Ville de Montauban grâce au soutien de
l'Association des Amis du musée Ingres et des F.R.A.M. (Fonds Régionaux
d'Acquisition pour les Musées)

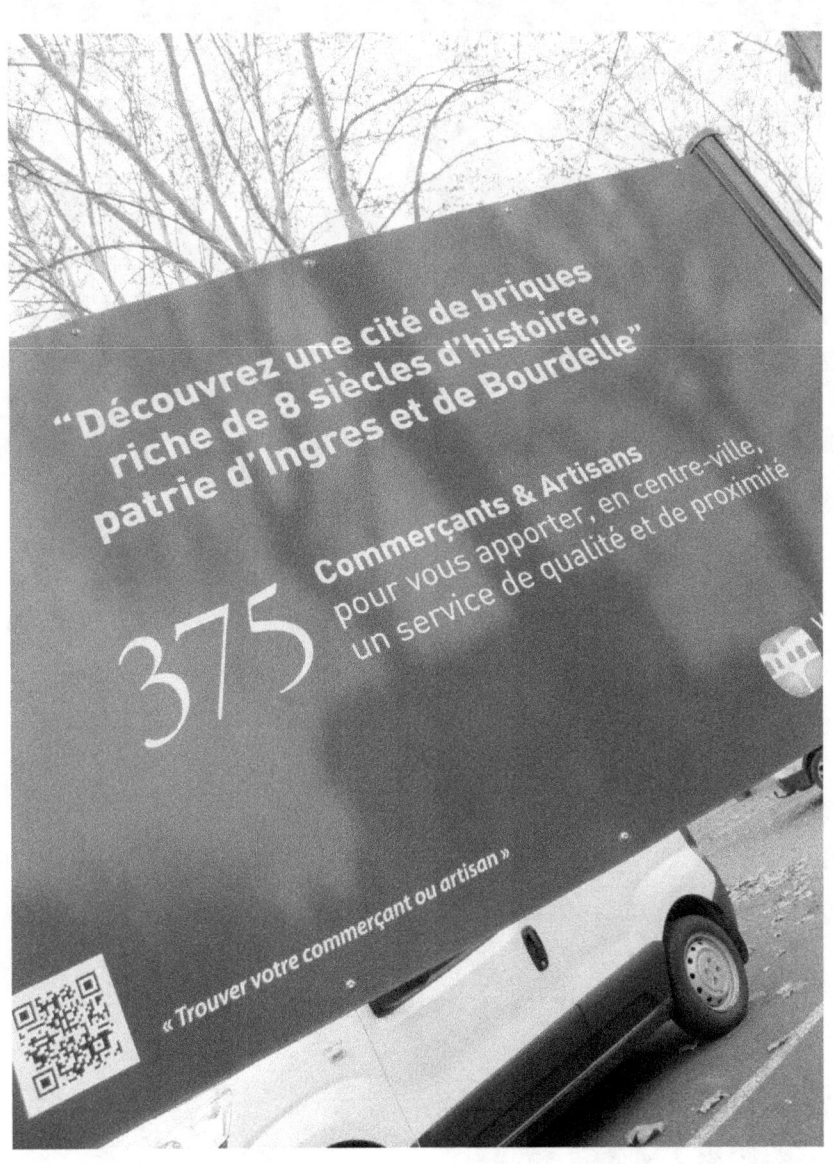

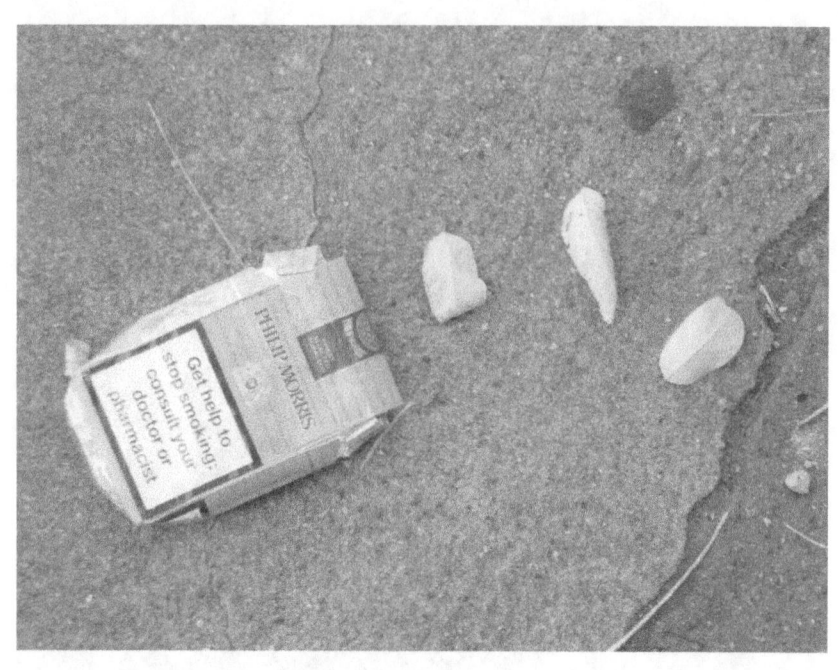

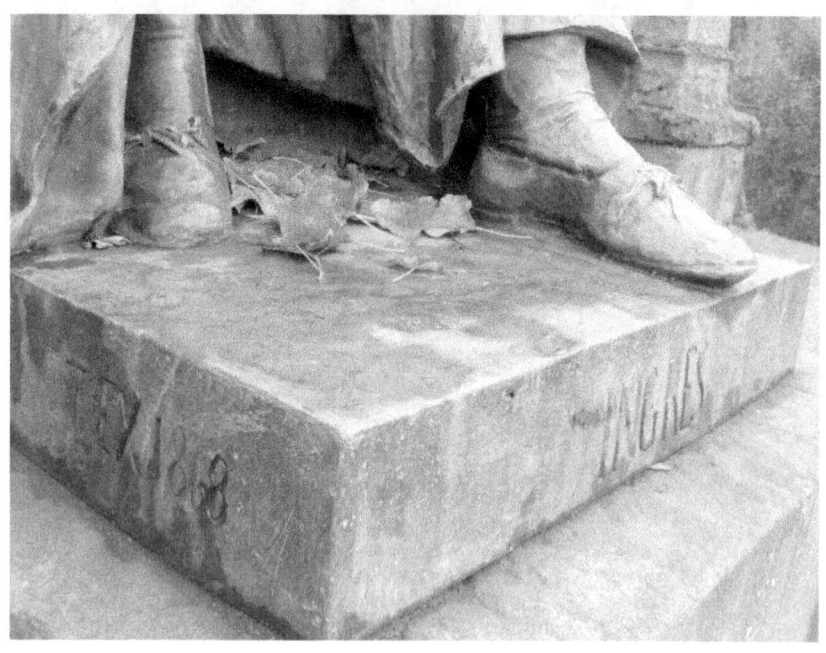

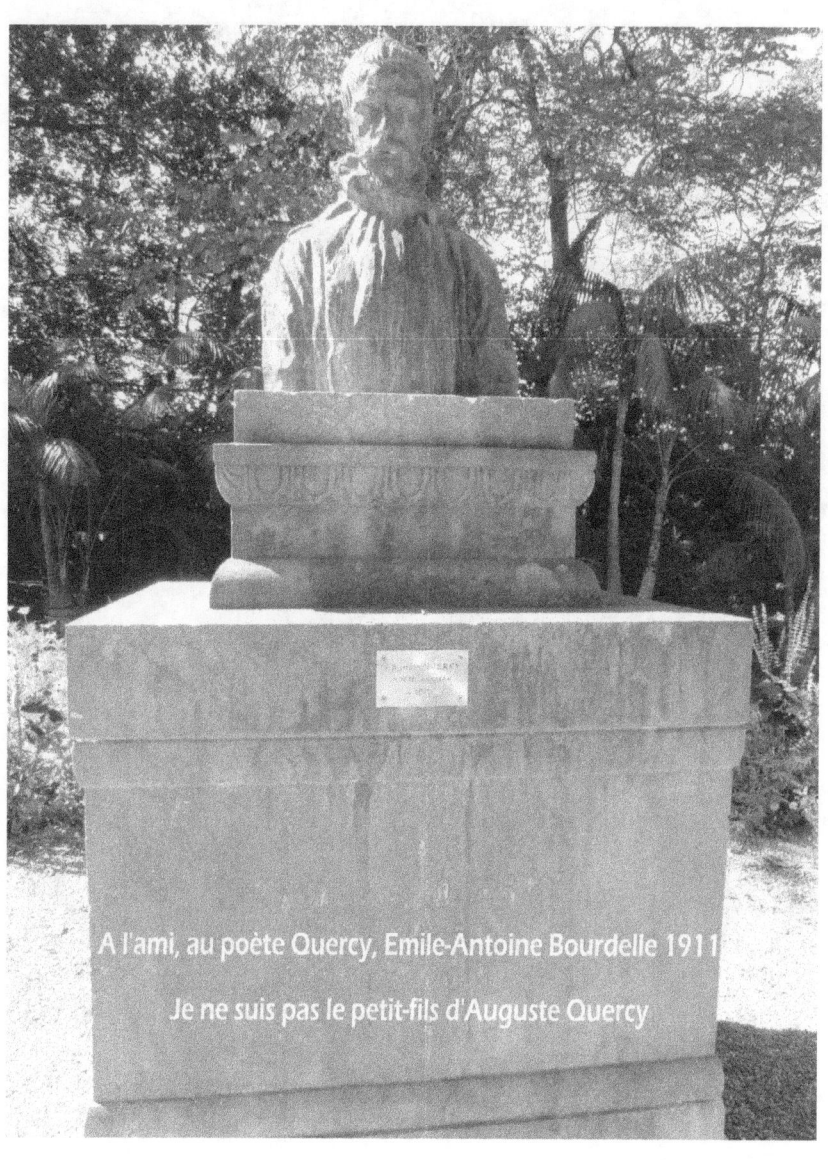

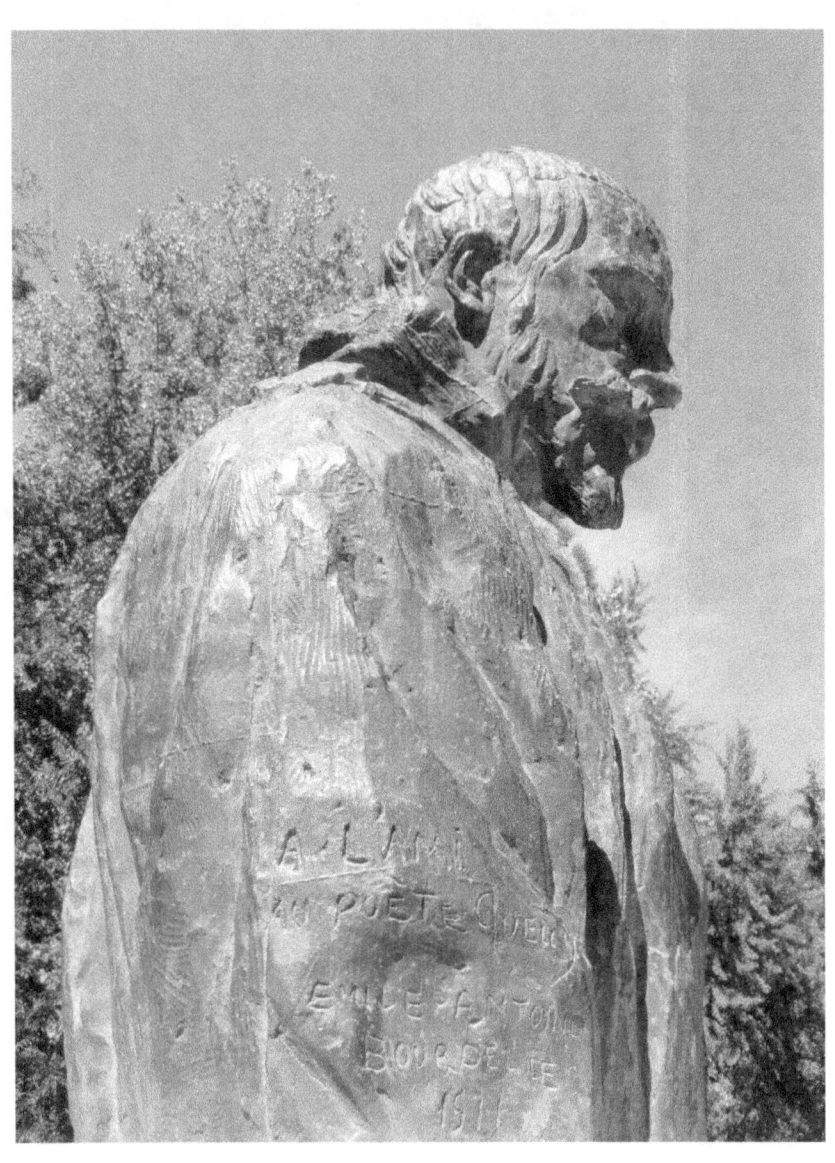

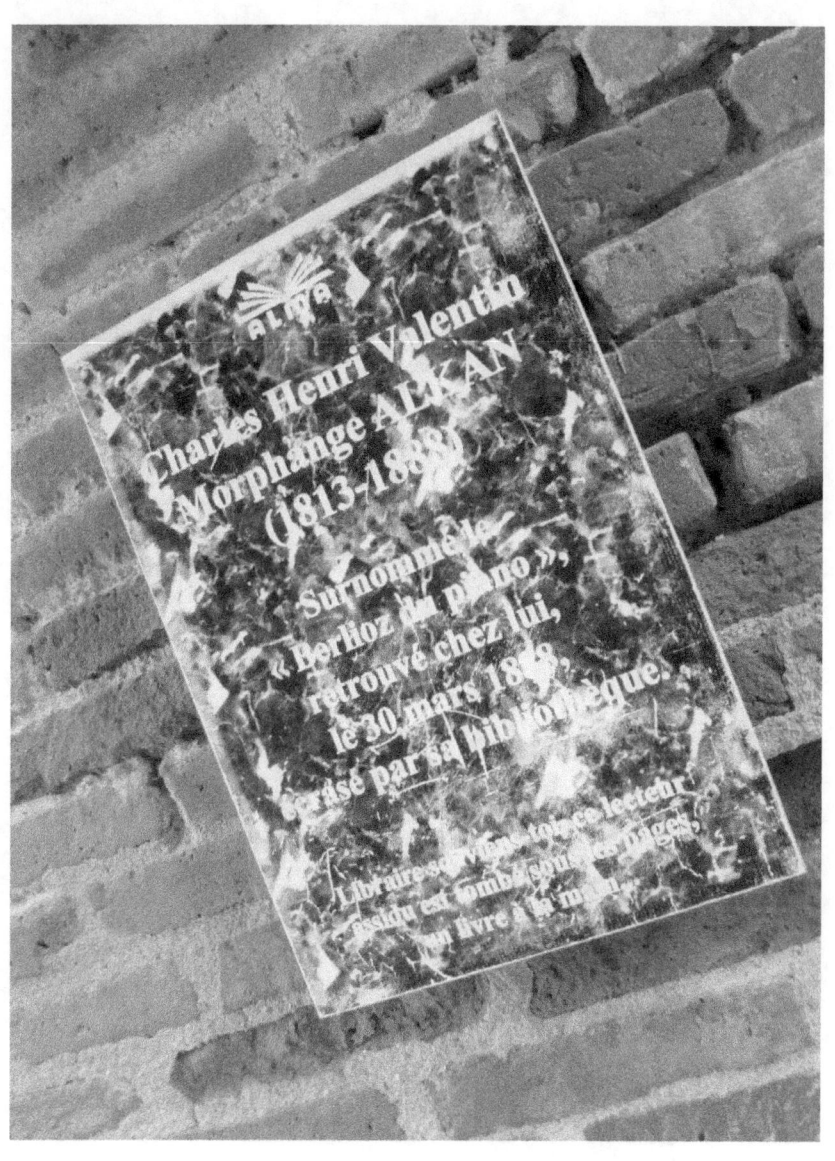

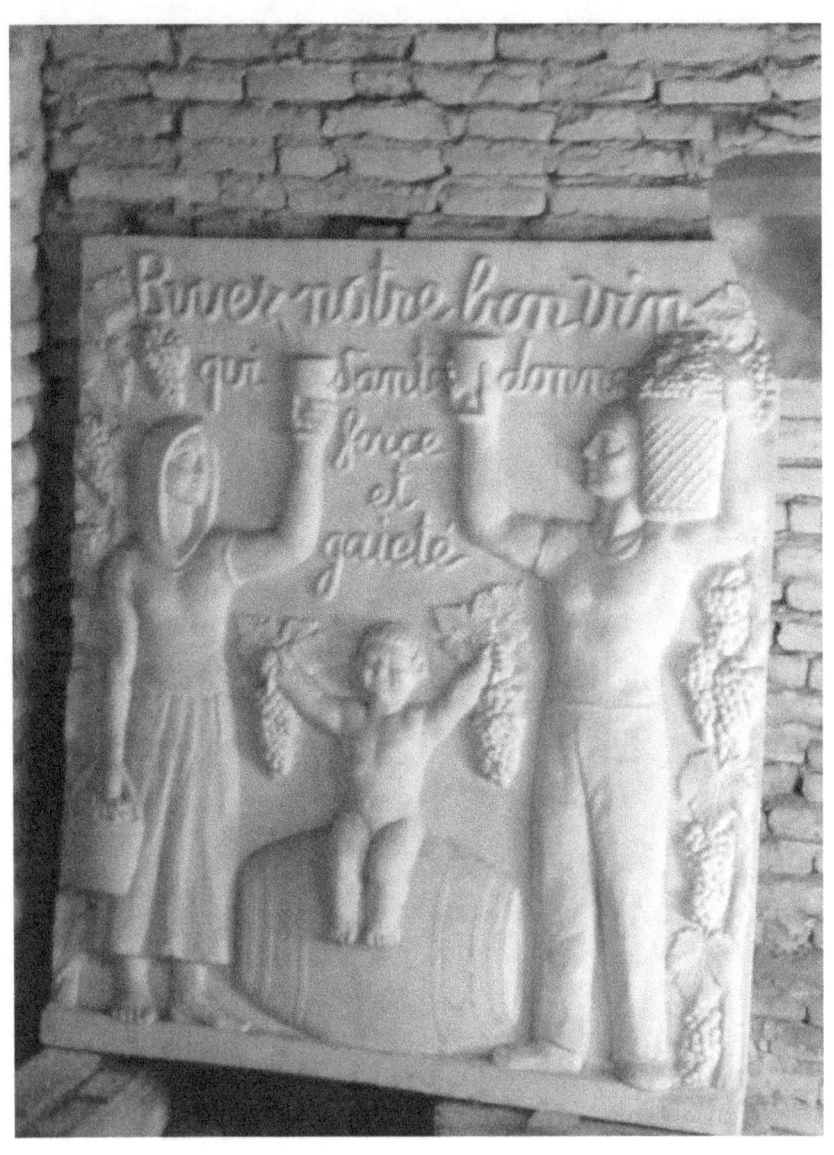

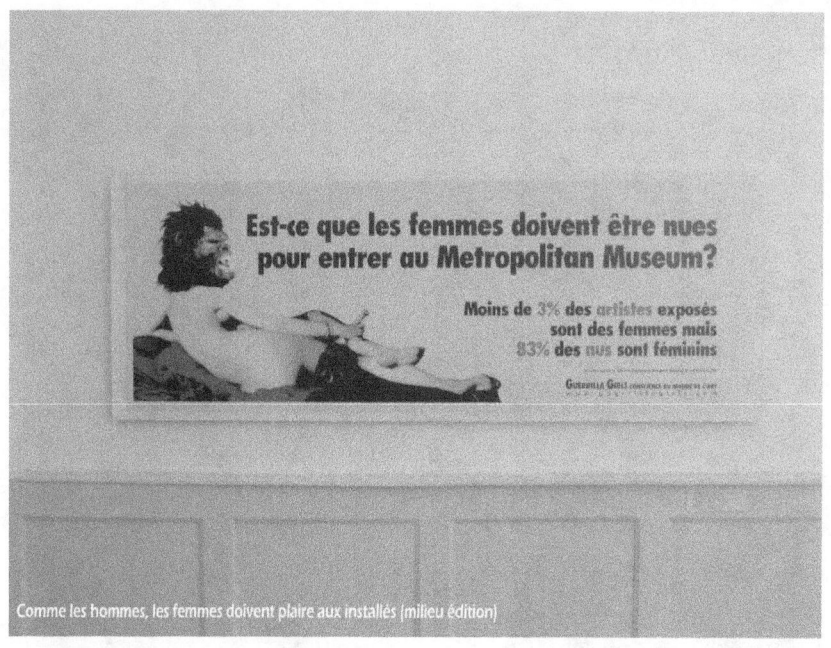
Comme les hommes, les femmes doivent plaire aux installés (milieu édition)

Pour être visible, il vaut mieux être une femme soumise à Lagardère qu'un homme indépendant.
L'expression "une femme soumise à Lagardère" peut sembler péjorative. Il s'agit d'une femme éditée par une maison du groupe Hachette, donc distribuée par l'omnipotente structure capable de submerger les libraires et journalistes. Ainsi Delphine Peras de l'express reconnaît recevoir quotidiennement quinze livres en "service de presse." De quoi s'assurer qu'elle chroniquera des produits industriels...
Quelle visibilité pour ce livre d'art ?

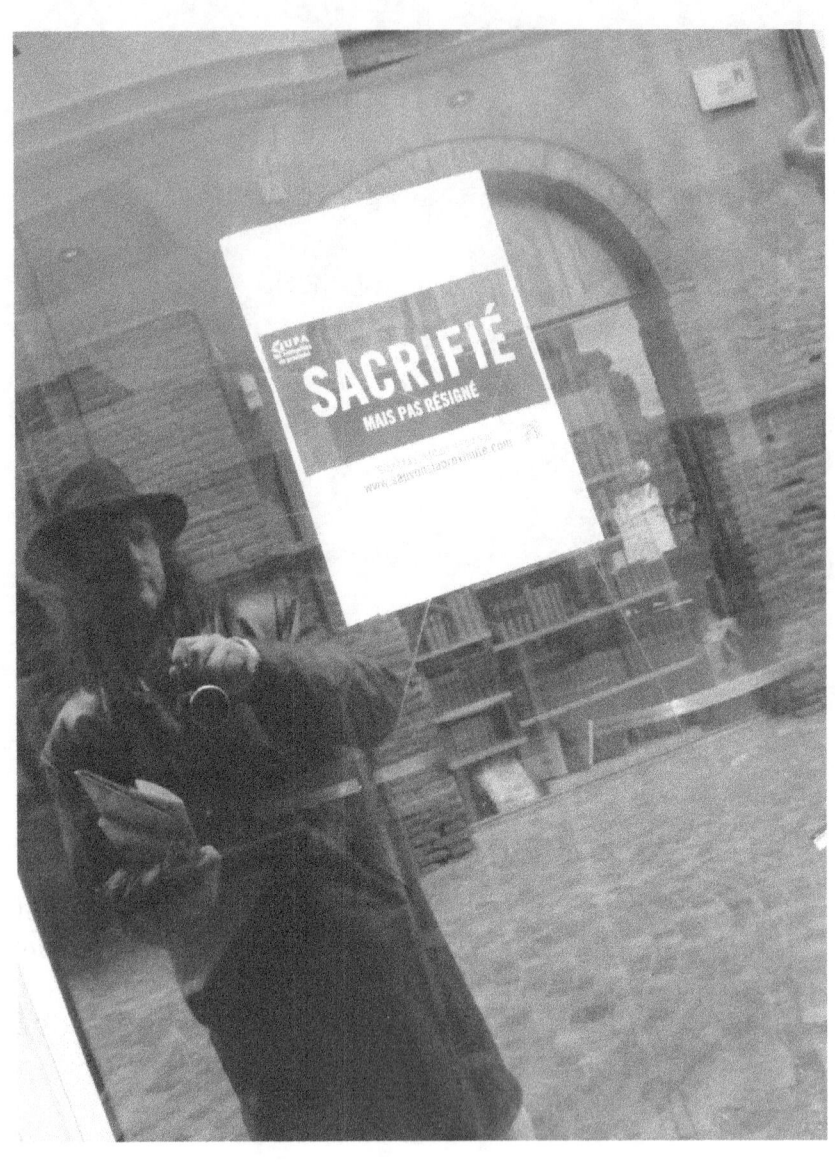

Auteur

Né en 1968, il publie depuis 1991, d'abord sous son nom de naissance puis sous divers pseudonymes, éditeur indépendant depuis son premier livre.

Dès 2004, il a proposé des livres numériques, en PDF. Mais c'est en 2011 seulement que les ventes dématérialisées ont démarré. Son catalogue numérique (depuis mi 2011 distribué par *Immateriel*) a ainsi rapidement dépassé celui du papier, grâce à des essais, des livres de photos... tout en continuant la lente écriture dans les domaines du théâtre et du roman. Depuis octobre 2013, et son « identifiant fiscal aux États-Unis », son catalogue papier tend à rattraper celui en pixels.

Il convient donc de nouveau d'aborder l'auteur sous le biais de l'œuvre. Ainsi, pour vous y retrouver, http://www.ecrivain.pro essaye de fournir une vue globale. Et chaque domaine bénéficie de sites au nom approprié :
http://www.romancier.org
http://www.parolier.org

http://www.essayiste.net

http://www.dramaturge.fr
http://www.lotois.fr

Vous pouvez légitimement vous demander pourquoi un auteur avec un tel catalogue ne bénéficie d'aucune visibilité dans les médias traditionnels. L'écriture est une chose, se faire des amis utiles une autre !

Mentions légales

Tous droits de traduction, de reproduction, d'utilisation, d'interprétation et d'adaptation réservés pour tous pays, pour toutes planètes, pour tous univers.

Site officiel : http://www.ecrivain.pro

Présentation des livres essentiels : http://www.utopie.pro

Vous pouvez acquérir ces clichés au format originel du photographe, en droit de reproduction, exemplaires numérotés et signés, sur http://www.galerie.me

Dépôt légal à la publication au format ebook du 12 mars 2015.

Imprimé par CreateSpace, An Amazon.com Company pour le compte de l'auteur-éditeur indépendant **livrepapier.com.**

ISBN 978-2-36541-648-1
EAN 9782365416481
Montauban, livre d'art de François-Antoine de Quercy
© **Jean-Luc PETIT - BP 17 - 46800 Montcuq France**

www.ingramcontent.com/pod-product-compliance
Lightning Source LLC
Chambersburg PA
CBHW070254230526
45470CB00002B/596